教育学原理

主编　小米学姐

北京燕山出版社
BEIJING YANSHAN PRESS

图书在版编目（CIP）数据

教育学原理 / 小米学姐主编 . -- 北京 : 北京燕山出版社 , 2020.5

ISBN 978-7-5402-5712-5

Ⅰ . ①教… Ⅱ . ①小… Ⅲ . ①教育学 Ⅳ . ① G40

中国版本图书馆 CIP 数据核字 (2020) 第 017019 号

教育学原理

JIAO YU XUE YUAN LI

主　　编：小米学姐
执行主编：黄　莽
责任编辑：朱　菁　任　臻
责任校对：甄　飞
封面设计：山水悟道
社　　址：北京市丰台区东铁营苇子坑路 138 号（100079）
网　　站：http://www.bjyspress.com/
微　　博：http://e.weibo.com/u/2526206071
电　　话：010-65240430
传　　真：010-63587071
印　　刷：徐州绪权印刷有限公司
开　　本：710mm × 1000mm　1/16
字　　数：261 千字
印　　张：11
版　　次：2021年5月第1版
印　　次：2021年5月第1次印刷
定　　价：50.00 元
出版发行：北京燕山出版社 BEIJING YANSHAN PRESS

编委会

前言

小米学姐自2013年5月从事333教育综合考研辅导迄今已有8年时间，其间我们辅导了数以万计的学生。经过8年时间的磨砺，今天终于以正规出版物的形式与大家见面。这一套书可以应对333考试，是较具实用性的教材书籍。这本书是在小米学姐辅导7届学生的经验基础上，经过数次的勘错，结合历年333真题对333考试大纲规定的所有考点进行补充，总结归纳、明确重点，力求为学生们呈现一本市面上最好背的333系列书籍，既可以帮学生们减轻333的学习负担，又可以帮大家节省更多的时间。其特色如下：

一、紧扣考纲，权威整编

小米学姐333教育综合必备宝典囊括了全国研究生入学考试333教育综合统一大纲所要求的考点，并结合各大院校历年考情增编部分高频考点，帮助考生明确备考重点和学习要点。

二、精练模版，指点迷津

立足教育硕士考场应答之需，个性化整理内容模版，各题型答案整理严格控制字数，逻辑严密、主次分明，既保证要点全面又不拖沓冗杂，引领考生直击采分点，交上一份满意的答卷。

三、架构导图，点拨思维

分章节整理知识框架，条理清晰、层级有序，将333教育综合必考知识点一网打尽，将零散的知识点关联串接。图像化梳理知识脉络，建构知识体系，深化考生对各章节的思维认知。

四、荟萃真题，经典呈现

收录各大院校333教育综合10—20年真题，横纵剖析经典例题，归纳各大院校考点易考题型，便于考生背诵、自测、模拟。激活考生应变潜力，方便考生预先适应考场经典例题。

五、编制口诀，激趣助记

小米团队倾力研制知识点背诵口诀，将枯燥乏味的知识点与生动形象的口诀无缝对接，黏合记忆碎片，为考生筑造一个轻松活泼、趣味十足的背诵历程，提高记忆效能并巩固所学。

如果大家在使用过程中有任何的意见或者建议，请第一时间告知我们，书背面有我们的官方公众号与微博，我们也会在上面定期更新与该书配套的相关资讯，帮助大家更好地学习本书。

最后祝愿我们所有的考生在 2021 届教育硕士考研中，可以一路过关斩将，一战成硕！

编委会

2020 年元月

目录

Contents

整体知识框架

- 教育学原理
  - 教育的基本理论
    - 第一章 教育学概述
    - 第二章 教育的概念
    - 第五章 教育的目的
    - 第六章 教育制度
  - 教育与其他领域的关系
    - 第三章 教育与人的发展
    - 第四章 教育与社会的发展
  - 教育实践
    - 第七章 课程
    - 第八章 教学
    - 第九章 教学
    - 第十章 德育
    - 第十一章 班主任
    - 第十二章 教师
    - 第十三章 学校管理

考纲要求

1. 系统掌握教育学原理的基本知识、基本概念、基础理论和现代教育理念
2. 理解教学、德育、管理等教育活动的任务、过程、原则和方法
3. 能运用教育的基本理论和现代教育理念来分析和解决教育的现实问题

参考书目

1. 北京师范大学出版社组编．硕士研究生入学考试备考指南教育学专业基础 [M]. 北京师范大学出版社，2009.

2. 王道俊，郭文安主编．教育学（第七版）[M]. 人民教育出版社，2016.

3. 全国十二所重点师范大学联合编写．教育学基础 [M]. 教育科学出版社，2002.

第一章　教育学概述

复习提示

本章的内容是有关教育学的基础知识，所反映的是教育学的整体概貌。就具体内容而言，本章包括教育学的研究对象、研究任务，以及教育学的产生与发展。通过学习本章，要求考生对教育学这门学科有一个较为全面的了解，为后面的学习和应用奠定理论基础。

知识框架

- 教育学概述
  - 教育学的概念
  - 教育学的研究对象
  - 教育学的研究任务
    - 揭示教育规律
    - 探讨教育价值观念
    - 探讨教育艺术
  - 教育学的产生与发展
    - 教育学的萌芽阶段
    - 教育学的独立形态阶段
    - 教育学的发展多样化阶段
      - 实证教育学
      - 实验教育学
      - 文化教育学
      - 实用主义教育学
      - 马克思主义教育学
      - 制度教育学
      - 批判教育学
    - 教育学的理论深化阶段

一、教育学（重点）

教育学是研究教育现象和教育问题，揭示教育规律，探讨教育价值观念的一门学科。通过对教育学的学习，我们可以了解教育的规律，树立正确的教育观念，掌握一定的教育理论知识和科学的教育方法，从而提高从事教育事业的自觉性、创造性，避免工作中的盲目性，增加对教育工作的兴趣，加深人们对教育事业的热爱，为培养社会主义建设人才做出更大的贡献。那种认为不学教育学也能教书和做好教育工作的想法是片面的、不切实际的，不利于提高教学质量和教育工作质量。

题目：教育学　**易考题型：**名词解释、简答题

已考学校：10 中山　西南　宁波　徐师　江苏 11 陕师　西北　渤海　海南师大 10/11 扬大 11/15 沈师 13 苏大 15 广东技术 16 河南师大　海南师大 19 长春 12/17/18/19 哈师 20 湖北　哈师

二、教育学的研究对象和任务（重点）

（一）教育学的研究对象

关于教育学的研究对象，教育学界并无统一的说法。较为普遍的观点是教育学是以教育现象和教育问题为研究对象，揭示教育规律的一门社会科学。但是，并非所有的教育问题和教育现象都能构成教育学的研究对象，只有那些有价值的、能够引起社会普遍关注的教育问题和教育现象才能构成教育学的研究对象。

（二）教育学的研究任务是揭示教育规律，探讨教育价值和教育艺术

1. 注重揭示教育规律

所谓教育规律，是指不以人们意志为转移的教育内部诸因素之间、教育与其他事物之间具有本质性的联系，以及教育发展变化的必然趋势。教育学的任务，就是要在研究教育的现象与问题、总结教育经验的基础上去揭示教育的各种可验证的合乎逻辑的事实性规律，并在揭示教育规律的基础上，阐明教育工作的原则、方法和组织形式等问题，为教育工作者提供理论上和方法上的依据。在这一意义上，教育学就是通过对教育现象和教育问题的研究，去揭示教育规律的一门学科。

2. 注重探讨教育价值

由于人们在进行教育活动时，总会自觉或不自觉地把自己对人生意义与社会理想的选择和诉求作为出发点，形成教育价值观念，以引领和规范教育的发展和人的发展，因而在从事教育工作、开展教育活动时要认真探讨教育的价值问题，以选择正确的价值取向，制定合理的教育目的或要求。

3. 注重探讨教育艺术

教育者有自己的经历、人生体验、教育风格，受教育者也是社会中的活生生的人，他们在教育活动中不仅有自己的现实基础和主观意愿，在他们的成长中还要经过自身的自我建构

和自我努力。这样，教育活动就可能是而且也应该是充满灵性、情感、自由创造的活动。在这一意义上，也可以说教育是一门艺术。

1. **题目**：教育学的研究对象和任务 **易考题型**：名词解释、简答题

已考学校：15 曲阜 16 深大 17 湖师 18 哈师 17/18 湖北大学 19 中国海洋

2. **题目**：教育规律 **易考题型**：名词解释

已考学校：13 山西 14 渤海 17 郑州大学 天津大学 19 山东

三、教育学的产生和发展（了解四个阶段及人物和著作即可）【11 江西 16 集美 17 河南 19 广西师大】【简答题、论述题】

教育学的产生和发展，大体上可以分为四个阶段。

（一）萌芽阶段

在奴隶社会和封建社会，教育学还没有成为一门独立的学科。由于没有专门的教师、传授知识的场所、学校系统，原始人对教育现象的研究主要停留于经验的描述，缺乏科学的理论分析和完整的体系。这一时期涌现的经典教育著作有孔子的《论语》、最早专门论述教育问题的《学记》、柏拉图的《理想国》等。这个时期的教育学主要特点有：①没有从哲学体系中分化出来，没有形成理论体系，理论抽象层次较低。②有明显的阶级烙印，具有阶级局限性。

（二）独立形态阶段【18 天师职业】

随着近代生产和科学的发展，资产阶级为了培养他们所需要的人才，阐明他们的教育主张，革新了教育举措，系统总结了教育经验，出现了体系比较完整的教育学。1632 年，夸美纽斯的《大教学论》问世，这是近代最早的一部教育学著作；1762 年，卢梭出版《爱弥儿》，系统地阐述了他的自然主义教育思想；1776—1787 年，康德曾先后四次在哥尼斯堡大学讲授教育学，是最早在大学开设教育学讲座的教授；1806 年赫尔巴特《普通教育学》的出版，标志着教育学已经成为一门独立的学科。

（三）发展的多样化阶段

19 世纪以来，教育学开始向着实证的社会科学转化，由于人们所处的社会条件不同，所运用的研究方法不同，出现了众多的教育学流派和著作。

1. 实证教育学

代表人物和著作：英国斯宾塞的《教育论》。斯宾塞是英国著名的实证主义者，他反对思辨，主张科学只是对经验事实的描写和记录。

主要观点：斯宾塞提出教育任务是为完满的生活做准备，他把人类生活分为：（1）直接有助于自我保全的活动；（2）从获得生活必需品，而间接自我保全的活动；（3）目的在于抚养和教育子女的活动；（4）与维持正常社会和政治关系有关的活动；（5）在生活中的

闲暇时间用于满足爱好和感情的各种活动。

【评价】重视实用科学教育的思想，反映了19世纪资本主义大工业生产对教育的要求，有明显的功利主义色彩。

2. 实验教育学

提倡把实验心理学的研究成果和方法运用于教育研究；划分教育实践的基本阶段；主张用实验、统计和比较的方法探索儿童心理发展过程的特点及其智力发展水平。

代表人物和著作：德国教育家梅伊曼的《实验教育学纲要》、拉伊的《实验教育学》。

主要观点：（1）反对赫尔巴特为代表的强调思辨的教育学；（2）提倡把实验心理学的研究成果和方法运用于教育研究，从而使教育研究真正“科学化”；（3）把教育实验分为提出假设、进行试验和论证三个基本阶段。

【评价】（1）优点：主张用实验、统计和比较的方法探索儿童心理发展过程的特点及其智力发展水平，用实验数据作为改革学制、课程和教学方法的依据。（2）不足：当他们把科学的定量方法夸大为教育科学研究的唯一有效方法时，就走上了“唯科学主义”的迷途，受到文化教育学的批评。

题目：实验教育学　**易考题型：**名词解释

已考学校：10/16 安师 14 扬大 14/15 首师 15 江苏 华中 17 内师 19 北师 青海师大 20 苏大

3. 文化教育学【15 宁波 17 内师 内蒙古】

文化教育学是19世纪出现的一种教育学说，又称精神科学教育学。

代表人物和著作：斯普朗格的《教育与文化》、利特的《职业陶冶与一般陶冶》等。

主要观点：（1）人是一种文化的存在，人类历史是一种文化的历史；（2）教育过程是一种历史文化过程；（3）教育研究必须采用精神科学或文化科学的方法；（4）教育的目的是要促使社会历史的客观文化向个体的主观文化转变，并将个体的主观世界导向博大的客观文化世界，培养完整的人格；（5）教育的途径是“陶冶”与“唤醒”，建立对话的师生关系。

【评价】不足之处是思辨气息很浓，对很多问题的论述带有很强的哲学色彩。另外，文化教育学过分夸大了社会文化现象的价值相对性，忽视了教育中客观规律的存在。

4. 实用主义教育学

实用主义教育学是19世纪末20世纪初在美国兴起的一种教育思潮，是在批判赫尔巴特为代表的传统教育的基础上提出来的。

代表人物和著作：美国的杜威的《民主主义与教育》、克伯屈的《设计教学法》。

主要观点：（1）教育即生活；（2）教育即学生个体经验的不断增长；（3）学校是一个雏形的社会；（4）课程组织以学生经验为中心；（5）在师生关系中以儿童为中心；（6）在教学过程中重视学生自己的独立发现、表现和体验。

【评价】（1）优点：实用主义教育学以美国实用主义文化为基础，是美国文化精神的反映，对以赫尔巴特为代表的传统教育理念进行了深刻批判，从传统的以教师、教材和课堂为中心转向以儿童、兴趣和活动为中心，推动了教育学的发展。（2）缺点：在一定程度上忽略了系统知识的学习，忽视了教师的主导作用，忽视了教育的相对独立性。

题目：实用主义教育学 **易考题型：**名词解释、简答题

已考学校：10四川师大 南京师大 12河北 13曲师 15江苏大学 17广东技术 18内师 天津职业 西华 19山西大学

5. 制度教育学

制度教育学20世纪60年代产生于法国。

代表人物和著作：乌里和瓦斯凯的《走向制度教育学》、洛布罗的《制度教育学》等。

主要观点：（1）教育学研究应该以教育制度为优先目标，阐明教育制度对于教育情境中个体行为的影响；（2）教育学实践中的官僚主义、师生与行政人员之间的疏离主要是由教育制度造成的；（3）教育的主要目的是帮助完成社会变迁，而要想达到这一目的，就必须进行制度分析，帮助教育者和受教育者理解制约他们思想、行为的制度因素；（4）教育制度的分析不仅要分析那些显性的制度，还要分析隐性的制度。

【评价】（1）优点：制度教育学关注教育与社会的关系，重视教育外部环境特别是制度问题对教育的影响，促进了教育社会学的发展。（2）缺点：由于制度教育学过分依赖制度分析理论来分析制度与个体行为之间的关系，因此有很大的片面性。

6. 马克思主义教育学

这是20世纪以来根据马克思主义的基本原理，研究现代教育问题的一种教育流派。其产生于苏联。

代表人物和著作：克鲁普斯卡娅的《国民教育和民主主义》，是第一部用马克思主义观点阐述教育学和教育史的专著。此外马克思主义的教育学著作主要有凯洛夫的《教育学》和杨贤江的《新教育大纲》，后者是我国第一部试图以马克思主义的观点论述教育的著作。

主要观点：（1）教育是一种社会历史现象，在阶级社会里具有鲜明的阶级性；（2）教育起源于生产劳动，劳动方式和性质的变化必然引起教育形式和内容的改变；（3）教育的根本目的在于促进学生的全面发展；（4）教育与生产劳动相结合，不仅是促进生产力发展的重要方法，也是培养全面发展的人的唯一方法；（5）在与政治、经济、文化等的关系上，教育方面受它们制约，又具有相对独立性，并反作用于它们，对于促进社会政治经济、文化等的发展具有巨大作用；（6）坚持运用马克思方法论研究教育问题。

【评价】马克思主义的产生为教育学的发展奠定了科学方法论基础，但由于种种原因，在现实运用中往往容易被简单化、机械化和过度政治化。

7. 批判教育学【18 南京】

代表人物和著作：20 世纪 70 年代之后在西方国家占据主导地位的教育思潮，代表人物有鲍尔斯、阿普尔、金蒂斯、布厄迪尔等。

主要观点：（1）当代资本主义的学校教育不是一种民主的建制和解放的力量，而是维护现实社会不公平和不公正的工具，是造成社会差别、社会歧视和社会对立的根源；（2）教育是与社会相对应的，有什么样的社会政治、经济和文化，就有什么样的学校教育机构，社会的政治意识形态、文化关系、经济结构都强烈地制约着学校的目的、课程，师生关系、评价方式等，学校教育的功能就是再生产出占主导地位的社会政治意识形态、文化关系和经济结构；（3）社会大众已经对这种事实上的不平等和不公正丧失了“意识”，将其看作是一种自然的事，而不是某些利益集团故意制造的结果；（4）批判教育学的目的就是要揭示看似正常的事实背后的利益关系，帮助教师和学生对自己所处的教育环境及形成教育环境的诸多要素敏感起来；（5）教育现象不是中立客观的，而是充满着利益纷争，教育理论研究不能采取唯科学的态度和方法，而要采用实践批判的态度和方法。

【评价】（1）批判教育学继承了马克思主义的某些基本观点和方法；（2）有利于更深刻地认识资本主义的教育；（3）具有很强的战斗性、批判性和解放力量。

（四）理论深化阶段

自 20 世纪 50 年代以来，由于科学技术的迅猛发展，智力开发和运用成为提高生产效率和发展经济的主要因素，引起世界范围内新的教育改革。近几十年来，各国的教育学在不同的思想体系指导下，主要有以下新发展。

（1）布卢姆教育目标分类系统。1956 年美国心理学家布卢姆制定出了教育目标的分类系统。他把教育目标分为认知目标、情感目标、动作技能目标三大类，每类目标又分成不同的层次，排列成由低到高的阶梯。教育目标分类系统可以帮助教师更加细致地确定教学的目的和任务，为人们观察教育过程、分析教育活动和进行教育评价，提供了一个框架。

（2）布鲁纳结构主义。1963 年美国教育心理学家布鲁纳发表了他的《教育过程》这本著作。他认为学科结构要与儿童认知结构相适应，特别重视学生能力的培养，提倡发现学习。

（3）赞科夫教学与发展。1975 年苏联心理学家、教育家赞科夫的《教学与发展》一书出版，全面阐述了他的实验教学论的体系。通过实验，他批评了苏联传统的教学理论对发展学生智力的忽视，强调教学应走在学生发展的前面，促进学生的一般发展。他的教学理论对苏联的学制和教育改革，一度起了很大的推动作用。

（4）巴班斯基教学过程最优化。他认为，应该把教学看作一个系统，从系统的整体与部分之间，部分与部分之间，以及系统与环境之间的相互联系、相互作用之中考查教学，以便最优处理教育问题。他将现代系统论的方法引进教学论的研究，是对教学论进一步科学化的新探索。

（5）我国以马克思主义为指导的具有中国特色的教育理论与实践。主要体现为：教育学科蓬勃发展；积极、主动而深入地开展了多种教育实验并促进了教育理论与实践的结合；在教育实践中涌现了一批学者型教师，增添了教育实践领域的活力；广泛开展了专题研究；关注方法论的探讨，促进了方法论的转变与创新，也反过来推动了教育理论与实践的发展。

【常考超纲知识点汇总】

一、教育的起源【20 广西师范】

1. 神话起源论

神话起源论的代表人物是朱熹，这种观点认为，教育与其他万事万物一样，都是由人格化的神（上帝）所创造的。教育的目的就是体现神或天的意志，使人皈依于神或顺从于天。

2. 生物起源论【20 重师】

生物起源论者认为，人类教育起源于动物界中各类动物的生存本能活动，其主要代表人物有法国的勒图尔诺、英国的沛西·能等。他们通过对各种动物生活的观察发现，动物世界中存在着各种示范和模仿，认为教育是一种生物现象，教育活动是按生物学规律进行的本能传授活动。

生物起源论强调了人的生物属性和动物本能，但它抹杀了人与动物的区别，否认了教育的社会性质，忽略了教育是人类社会特有的有意识、有目的的活动这一特性，因而是不科学的。

3. 心理起源论

心理起源论者认为，教育起源于儿童对成人无意识的模仿，其主要代表人物是美国教育家孟禄。他从心理学的观点出发，对生物起源论进行了批驳。根据原始社会没有学校、没有教师、没有教材的史实，推断教育起源于儿童对成年人无意识的模仿。

根据心理学的研究，模仿分为有意识的模仿和无意识的模仿。其中，有意识的模仿是人类独有的一种学习方式。但是孟禄把教育全部归为无意识状态下产生的模仿行为，夸大了模仿在教育中的地位和作用，忽视了人是有意识的存在物这一本质规定，从根本上抹杀了教育的有意识性，从根本上否认了人的社会性，把人类社会有意识地提升人格的活动等同于动物无意识的模仿。因而，这种观点是错误的。

4. 劳动起源论

劳动起源论者在批判生物起源论、心理起源论的基础上，运用历史唯物主义观点对教育的起源进行了分析，认为教育是一种社会现象，教育起源于劳动，起源于劳动过程中人的生产需要和发展需要的辩证统一。其主要代表人物是苏联教育家米丁斯基、凯洛夫。

劳动起源论主要观点可以概括为：第一，人类教育起源于生产劳动或以生产劳动保证自身生存的社会需要；第二，教育是人类特有的一种社会活动；第三，教育产生于劳动以人类语言的发展为条件；第四，教育从产生之日起，其职能就是传递劳动过程中形成与积淀起来的社会生产和生活经验；第五，教育范畴是历史性与阶级性的统一。

第二章　教育的概念

复习提示

教育学是一门研究教育现象和教育问题，揭示教育规律的学科，那么我们就可以很直观地看到教育学和教育之间的区别。本章我们主要学习教育的概念，关于它的定义，它的本质，它的要素，等等。教育作为一个独立的个体，它也是有自己的历史沿革的，并且有存在于不同时期的不同特点。

知识框架

- 教育的概念
  - 教育的质的规定性
    - 教育是一种社会现象
    - 教育是一种有目的的培养人的社会活动
    - 教育的根本问题是人的发展问题
  - 教育的基本要素
    - 教育者
    - 受教育者
    - 教育中介系统
  - 教育的历史发展
    - 古代教育
      - 原始的教育主要是在社会生产和生活的过程中进行的
      - 古代学校的出现和发展
      - 教育阶级性的出现和强化
      - 学校教育与生产劳动相脱离
    - 现代教育
      - 学校教育逐步普及
      - 教育的公共性日益突出
      - 教育的生产性不断增强
      - 教育制度逐步完善
  - 教育的概念
    - 广义的教育
    - 狭义的教育 —— 学校教育

一、教育的质的规定性（重点）

（一）教育是一种社会现象，它产生于社会生活的需要，而归根结底产生于劳作

老一辈为了维持和延续人们的社会生活，就必须把积累起来的生产劳动经验和社会生活经验传授给新生一代，使他们能更好地参与生产劳动和现存的社会生活。同时，新生个体要从一个弱小无知的新生儿成长为能谋生的社会成员，即从一个生物实体的人转化为一个社会实体的人，也需要成年人的抚育与培养，这样，便产生了教育。所以，教育是培养人的一种社会活动，它的社会职能，就是传递生产经验和社会生活经验，促进新生一代的成长。教育是新生一代的成长和社会生活的发展和延续所不可缺少的手段，为一切人、一切社会所必需。

（二）教育是一种有目的地培养人的社会活动，它的目的在于影响和促进人的发展

是否有目的地培养人是教育活动与其他社会活动的根本区别。除了教育之外，人类的其他活动也影响人的发展，如经济活动、日常生活等影响都或显或隐地与人的发展有关。但在教育学上一般不把这些称为教育活动，因为这些活动只是间接地影响了人的发展。如果不强调教育活动的目的性，就会把教育泛化为个体的全部社会生活。这种做法实际上忽视了教育的根本特点——有目的地培养人。

（三）教育的根本问题是人的发展问题

有目的地培养人是教育这一社会现象与其他社会现象的根本区别，是教育的本质特点。教育之所以为教育，全在于此。培养人是教育的立足点，是教育价值的根本所在，是教育的本体功能。任何教育，只有通过培养人才能服务社会。如果否定了教育的育人价值，也就否定了教育的社会价值；离开了对人的培养，教育对社会便无所作为。

题目：教育的质的规定性　**易考题型：**名词解释、简答题

已考学校：11 江苏　河北大学 12 北航 14 延安大学 17 广西 12/18 湖北大学 18 广西民大 19 温大　河北大学　大理大学 20 天师

二、教育的基本要素（重点）

（一）教育者【16 沈师 18 广东技术 郑大 19 集美 20 华南】

含义：凡是对受教育者在知识、技能、思想、品德等方面起到教育影响作用的人，都可以称为教育者。父母是子女最初和最经常的教育者；社会教育中的师傅以及起到教育作用的其他人员，都是教育者。但自从学校教育产生，教育者主要是指学校中的教师和其他教育工作人员。

作用：教育者是教育活动的主导者。教育者作为社会人与教育者的统一，会自觉不自觉地把他的社会立场带进教育活动，但他又必须具有明确的教育观念，能够体察社会发展对受教育者发展的需要，了解受教育者发展的规律及受教育者对自身成长的希望，热爱教育事业

和受教育者，并注重积累和创新从事教育活动的经验，才能自觉地促进受教育者个性素质的全面发展。

（二）受教育者【11 河南师大 13 华南 15 北航 19 广西师范学院 20 集美】

含义：受教育者是指在各种教育活动中从事学习的人，既包括学校中学习的儿童、少年和青年，也包括各种形式教育中的成人学生。受教育者既是教育的对象又是学习的主体。

作用：受教育者也是构成教育活动的基本要素，缺少这一要素，就无法构成教育活动。如果没有受教育者的积极参加，发挥其主观能动性，教育活动将只是教育者的独舞，不会有好的效果。并且随着受教育者的学习自觉性和知识、能力的增长，他们的主观能动性在教育活动中表现得越加明显，所起的作用也越大，能够在更大的程度上去自主地吸取知识和加强品德修养。

（三）教育中介系统【14 沈师 18 山东师大】

含义：教育中介系统是教育者与受教育者联系与互动的纽带，是开展教育活动的内容和方式。

作用：教育内容是教育者用来作用于受教育者的影响物，它是根据教育目的，经过挑选和加工的，最具有教育价值和适合受教育者身心发展水平的人类科学文化成果的结晶；教育内容也是受教育者学习活动的对象。教育活动都要以一定的方式进行，都要表现为一定的教育活动方式。教育活动方式涉及教育基本要素的组合和教育工具、手段的应用，是一个十分复杂的动态过程，在一定意义上可以说，教育活动方式就是教育活动本身。

【三者的关系】上述教育的三要素之间既相互独立，又相互规定。没有教育者，教育活动就不能展开，受教育者也不可能得到有效的指导；没有受教育者，教育活动就失去了对象，无的放矢；没有教育中介系统，教育活动就成了无源之水，再好的教育意图、再好的发展目标，也都无法实现。因此，可以说教育是由三个基本要素构成的一种共同的社会实践活动系统，是上述基本要素的有机结合。

题目：教育的基本要素　**易考题型：**名词解释、简答题

已考学校：10 广西 12/14 浙师 15 天大 北师 集美 青岛 广东技术 14/16 内师 16 天津职业 17 沈师 18 陕师 沈师 山师 聊城 15/17/19 湖北大学

三、教育的历史发展【16 青岛】

（一）古代教育（重点）【14 西南 15 河南 19 哈师 聊城】【简答题】

1. 原始的教育主要是在社会生产和生活的过程中进行的

在原始社会里，由于生产力水平很低，教育还没有从社会生活中分化成为专门的事业，没有专门的教育机构和专职的教育人员，而是在社会生产和社会生活的过程中进行的，这是古代教育的基本方式。

2. 古代学校的出现和发展

到了奴隶社会，随着生产力的发展和剩余产品的出现，社会上出现了脑力劳动与体力劳动的分工。这种分工，一方面推动了生产的发展，产生了文字和科学艺术的萌芽；另一方面也促进了奴隶制的形成。于是，在奴隶社会里，出现了专门从事教育工作的教师，产生了学校教育，使教育从社会生活中分化出来，成为独立的形态。

3. 教育阶级性的出现和强化

原始社会的教育是没有阶级性的。到了奴隶社会，奴隶主占有生产资料和生产者，学校教育被奴隶主阶级所独占，所有的学校都是奴隶主阶级用来培养他们自己子弟的场所。因此，从学校产生之日起，教育便具有了阶级性，成为统治阶级统治人民的工具。在封建社会，教育的阶级性得到进一步的强化。

4. 学校教育与生产劳动相脱离

奴隶社会中体力劳动与脑力劳动分离与对立的状况，反映在教育上就表现为学校教育与生产劳动的脱离。奴隶被剥夺了上学的权利，而他们正是当时社会的直接生产者；能进学校的是与直接生产无关的统治阶级的子女。奴隶主并不关心生产，他们要生活得更好，是靠占有更多的奴隶。这就决定了为奴隶主阶级服务的学校教育与生产劳动不仅相脱离，而且极端鄙视生产劳动。

（二）现代教育（重点）

1. 学校教育逐步普及

学校的普及是人类教育发展史上一件了不起的大事。它将古代的少数人垄断的学校教育转变为现代的所有人都能享受的学校教育，这是现代教育的一个重大发展。它既对社会发展起到了不可估量的作用，又满足了人的发展需要，促进了人的解放。

2. 教育的公共性日益突出

随着大工业生产的发展，工人阶级和其他劳动人民对教育权的争取，现代社会管理方式的变化，教育的阶级性越来越不合时宜，越来越受到来自统治阶级和被统治阶级两方面的批判。在此情形下，教育逐渐成为社会的公共事业和公共话题，也成为政治家们优先考虑的社会问题。

3. 教育的生产性不断增强

在现代社会，随着机器大工业生产的发展和科学技术的进步，从事生产的劳动者需要有一定的科学知识和技术。现代教育与生产劳动的逐步结合，促使现代教育成为劳动力再生产的重要手段，也成为科学知识再生产和科学技术发展的重要手段，对提高社会生产效率和增加社会财富起着重要作用，因此，现代教育具有明显的生产性。

4. 教育制度逐步完善

现代教育兴起以后，特别是在公共教育制度形成以后，随着学校大量增加，需要确定一定的规范作为衡量学校工作的尺度，并在学校职能健全以后解决上下级别学校的衔接、不同类型学校的分工以及办学权限之类的问题。这推动了学校制度、课程设置、考试制度的不断完善，推动了教育系统的形成和教育事业的普及，促使现代学校教育向制度化的方向发展。

题目：现代教育的特点　**易考题型：**简答题

已考学校：10 宁波 青岛 11 聊大 福建 辽师 12 河南师大 13 北师 天津大学 湖师 13/14 浙师 15 山东师大 16 扬大 西北师大 天津职业 11/18 福师 13/16 华南 18 闽南师大 广西民大 江西师大 19 宁夏大学 江苏大学 安庆 20 吉师 集美

四、教育概念的界定（重点）

（一）广义的教育

广义的教育是指凡是有目的地增进人的知识技能、影响人的思想品德、增强人的体质活动，不论是有组织的或是无组织的、系统的或是零碎的、有教育者指导的或是自我教育，都是教育。它包括人们在家庭中、学校里、亲友间、社会上所受到的各种有目的的影响，活动主体对所受到的影响自觉做出的认识、选择、对策、自我教育及自我建构。

（二）狭义的教育

狭义的教育是指专门组织的教育。它不仅包括全日制的学校教育，而且包括半日制的、业余的学校教育，函授教育，广播电视教育和网络教育等。它是根据一定的社会现实和未来的需要，遵循受教育者身心发展的规律，有目的、有计划、有组织地引导受教育者主动地学习、积极地进行经验的改组和改造，促使他们提高素质、健全人格的一种活动，以便把受教育者培养成适应一定社会的需要、促进社会的发展、追求和创造人的合理存在的人。

▲学校教育

（1）学校教育是一种狭义的教育，学校是按照一定的目的和制度组织起来的促进学生发展的特殊环境。

（2）学校教育是由专职人员和专门机构承担的，它是根据一定的社会现实和未来的需要，遵循受教育者身心发展的规律，有目的、有计划、有组织地引导受教育者主动地学习、积极地进行经验的改组和改造，促使他们提高素质、健全人格的一种活动，以便把受教育者培养成适应一定社会的需要、促进社会的发展、追求和创造人的合理存在的人。

（3）学校教育是与社会教育相对的概念，专指受教育者在各类学校内所接受的各种教育活动，是教育制度的重要组成部分。一般来说，学校教育包括初等教育、中等教育和高等教育。

1. **题目：**教育　**易考题型：**名词解释

已考学校：10 扬大 首都 11 南京 西华 12 西南 苏州 13/16 四川 13 哈师 14/15 延安 15 海师 华中 15/16 广东技术 16 川师 北师 天津职业 17 扬大 内师 宁波大学 哈尔滨 湖北 赣南 11/14/18 曲

师 18 山西师大 贵师 沈师 淮北 11/12 安师 11/15/18 华南 14/16 哈师 15/17 集美 16/17 陕师 18/19 湖北大学 19 鲁东 西华 广西师范 石河子 20 鲁东 湖北 吉师 淮北师范

2. 题目： 学校教育 **易考题型：** 名词解释

已考学校： 10 安师 宁波 11 聊大 哈师 12 西南 华南 南师 14 西南 15 东师 16 江苏师大 17 天师 贵师 沈师 10/12/14 华中 12/17 江西师大 11/15 杭师 12/13/14 中央民大 20 延安大学

3. 题目： 广义的教育 **易考题型：** 名词解释

已考学校： 10 扬州 11/15/16/18 华南 15 江西 15/16 哈尔滨 15 集美

4. 题目： 狭义的教育 **易考题型：** 名词解释

已考学校： 10/16 聊大 11 江西 陕师 12/14/16 西华 12 湖北 安徽 西南 14 哈尔滨 15 湖南科技 东北 16 福师 17 华南 扬州 贵州 河北 18 温大 集美 14/15/16/19 吉林

【常考超纲知识点汇总】

一、20 世纪以后的教育改革和发展的特点

（一）教育的终身化

20 世纪 60 年代以后提出了教育贯穿人一生的终身教育思想，强调职前教育与职后教育的一体化，青少年教育与成人教育的一体化，学校教育与社会教育的一体化。法国教育家保罗·朗格朗最早系统论述了终身教育。教育的终身化是适应科学知识的加速增长和人的持续发展要求而逐渐形成的一种教育思想和教育制度，包括各个年龄阶段和各种方式的教育。

教育是贯穿整个人生的工程，从摇篮到坟墓都要接受教育。这些教育包括学校教育、家庭教育、社会教育等一系列正规教育和非正规教育，覆盖基础教育、职业教育、高等教育、继续教育等阶段和形式。所以，把终身教育等同于成人教育或职业教育的观念是片面的。

（二）教育的全民化

全民教育是近十几年来提出的一种新的教育理念，很快得到了世界各国特别是发展中国家的积极响应。全民教育就是教育必须向所有人开放，人人都有接受教育的权利而且必须接受一定程度的教育。全民教育特别重视使适龄儿童受到完全的小学教育和使中青年脱盲。

（三）教育的民主化【10 青岛】

教育民主化首先是指教育机会均等，即教育要为所有的社会成员提供平等的教育权利，包括入学机会的均等、教育过程中享有教育资源机会和教育结果的均等，这意味着要对社会弱势群体学生给予特殊照顾；其次是指师生关系的民主化；再次是指教育方式、教育内容等的民主化，为学生提供更多自由选择的机会；最后是追求教育的自由化，包括教育自主权的扩大，根据社会要求设置课程，编写教材的灵活性等。概言之，教育民主化是指全体社会成员享有越来越多的教育机会，受到越来越充分的民主教育。

（四）教育的多元化

多元化具体包括教育思想的多元化，培养目标、办学模式、教学内容、评价标准等的多元化，它

是社会生活多元化以及人的个性化在教育上的反映。现代化教育是多元发展的，即利用各种资源，采取各种形式通过各种渠道使办学体制和专业结构等呈现多样化发展，为人们提供不同层次、不同形式、不同规格的教育，以满足人们对教育和学习的多种需要。其特征有：办学主体的多元化；教育功能的多元化；教育文化环境的多元化。

（五）教育技术的现代化【18江西】

教育技术的现代化是指现代科学技术在教育技术上的应用，包括教育设备、教育手段、教育方法等的现代化以及由此而引起的教育思想、教育观念的变化。在现代教育理论的指导下，人们为了提高教学效率和效果，研究人的认知、学习规律和学习过程，探讨最佳的教学模式，信息技术将为学习者提供丰富多样的学习资源。多媒体技术正迅速成为现代教育技术中的主流技术，基于网络环境的教学和教学模式逐渐兴起。

（六）教育的全球化

进入20世纪50年代以后，科技的快速发展及国际政治格局的调整，要求教育培养国际通用的人才。20世纪90年代以后，一些发达国家开始建立国际学校，设立国际课程，旨在培养未来在国际事务中大显身手的人才。

二、义务教育（重点）【10宁波 11安师 11/17首师 12/13东师 16/18苏大 杭师 19聊城 20川师】

义务教育，是根据宪法的规定，适龄儿童和青少年都必须接受，国家、社会、家庭必须愿意保证的国民教育。其实质是国家依照法律规定对适龄儿童和青少年实施的一定年限的强迫教育的制度。义务教育又称强迫教育或免费的义务教育。义务教育具有强制性、公益性、普及性的特点。我国义务教育法规定的义务教育的年限为九年，这一规定符合我国基本国情，是适当的。

三、终身教育（重点）【10/15扬大 12杭师 16南师 18广西民族大学 南师 19杭师 华中 20西北师范 南师 河南】

法国教育家保罗·朗格朗最早系统论述了终身教育。终身教育是指人们在一生各阶段当中所受各种教育的总和，是人所受不同类型教育的统一综合。终身教育包括教育体系的各个阶段和各种方式，既有学校教育，又有社会教育；既有正规教育，也有非正规教育。主张在每一个人需要的时刻以最好的方式提供必要的知识和技能。终身教育思想现在已经成为很多国家教育改革的指导方针。

终身教育的特点：终身性、全民性、广泛性、灵活性、实用性、主体性。

四、教育先行（重点）【11华东 14华南 陕师】

就是要求教育要面向未来，使教育在适应现存生产力和政治经济发展水平的基础上，适当超前于社会生产力和政治经济的发展。其中，一是教育投资增长速度应当超过经济增长速度；二是在人才培养上要兼顾社会主义现代化建设近期与远期的需要，在目标、内容等方面适当超前。

第三章　教育与人的发展

复习提示

本章要求考生掌握人的身心发展的主要特点及其对教育的制约，以及遗传因素、环境因素，尤其是教育在人的身心发展中的作用。

知识框架

- 教育与人的发展
  - 人的发展的概述
    - 含义
    - 特点——未完成性、能动性
    - 规律性——顺序性、不平衡性、阶段性、个别差异性、整体性
  - 影响人的发展的基本因素
    - 遗传在人的发展中的作用
    - 环境在人的发展中的作用
    - 个体能动性在人的发展中的作用
    - 教育对人的发展的重大作用
  - 教育对人的发展的重大作用
    - 教育对人的发展的主导作用
    - 教育主要通过文化知识的传递来培养人
      - 知识的认识价值
      - 知识的能力价值
      - 知识的陶冶价值
      - 知识的实践价值
    - 教育对人的发展作用越来越大

第一节　人的发展的概述

一、人的发展的含义（重点）

人的发展一般有两种释义：一种是把它与物种的发展史联系起来，将它看成是人类在地球上出现及进化的过程，即人类的发展或进化；另一种是把它与个体的发展联系起来，将它看成是人类个体的成长变化过程。人的发展，在教育学中主要讨论的是个体发展问题。广义的个体发展是指个人从胚胎到死亡的变化过程，其发展持续于人的一生。狭义的个体发展是指个人从出生到成人的变化过程，主要是指儿童的发展。

人的发展大体上可以分为以下三方面。

（1）生理发展：包括机体的正常发育，体质的不断增强，神经、运动、生殖等系统生理功能的逐步完善。

（2）心理发展：包括感觉、知觉、注意、记忆、思维、言语等认知的发展，需要、兴趣、情感、意志等意向的形成，能力、气质、性格等个性的完善。

（3）社会发展：包括社会经验和文化知识的掌握，社会关系和行为规范的习得，成长为具有社会意识、人生态度和实践能力的现实的社会个体，能够适应并促进社会发展的人。

题目：人的发展的含义　**易考题型：**名词解释

已考学校：10苏大　四川10/12扬大12华南　江西14沈师　中央民大16天津17曲阜　集美18温州　信阳师范　天津职业19福建　华中20西安外国语

二、人的发展的特点（重点）

（一）未完成性

人的发展的未完成性既包含人的自然属性的未完成性，也包括人的社会属性和精神属性的未完成性。从生理上讲，人是未完成的动物，这与人的非特定化密切相关。对儿童来说，他们不仅处于未完成状态，而且处于未成熟状态。儿童发展的未完成性、未成熟性，蕴藏着人的发展的不确定性、可选择性、开放性和可塑性，潜藏着巨大的生命活力和发展可能性。教育人类学认为，人的未完成性及其蕴藏的发展潜能，充分说明人需要接受教育，人可以接受教育。

（二）能动性

人在发展过程中还会表现出人所特有的能动性，这种能动性具体表现在人的能动、自主、自觉、自决和自我塑造等方面。能动性是人的精神属性的基本特征。正因为人的能动性，才使得人的发展与自然界发展变化及动物生长具有根本的不同。自然的发展变化和动物的生长是一个自然的过程。而人的发展，因为人的能动性，使得它具有了自主性、目的性和方向性。人的发展的能动性也是人的教育与人改造自然的实践活动以及动物训练等活动之间根本的区别。它为教育提供了合理的人性假设，为教育活动指明了努力的方向，也为教育活动提供了基本依据。

题目： 人的发展的特点 **易考题型：** 简答题

已考学校： 10苏大 12华南 13中央民大 16曲阜 南师 19广西师范学院 20沈阳师范

三、人的发展的规律性（重点）

人的发展的规律性主要表现为人的发展的顺序性、不平衡性、阶段性、个别差异性和整体性，而这些规律性具有重要的教育学意义，是教育工作必须遵循的规律性。

（一）顺序性

在正常情况下，人的发展具有一定的方向性和先后顺序，既不能逾越，也不会逆向发展。就心理而言，儿童的发展总是从无意注意到有意注意，从机械记忆到意义记忆，从具体形象思维到抽象逻辑思维，从喜怒哀乐等一般情绪发展到道德感、理智感、美感等高级情感。人的发展的顺序性要求教育要循序渐进地促进学生的发展。

（二）不平衡性【18山东】

人的发展并不总是按相同的速度直线前进的。不同系统的发展速度、起始时间、达到的成熟水平是不同的（如神经系统、淋巴系统成熟在前，生殖系统成熟在后）；同一机能系统特性在不同年龄阶段有不同的发展速率。人的发展的不平衡性要求教育要掌握和利用人的发展的成熟机制，抓住发展的关键期，不失时机地采取有效措施，促进学生的健康发展。

（三）阶段性【18山东 19华中】

人的发展变化既体现出量的积累，又表现出质的飞跃。当某些代表新质要素的量积累到一定程度时，就会导致质的飞跃，即表现为发展的阶段性。在个体发展的不同阶段，会表现出不同的年龄特征及主要矛盾，面临着不同的发展任务。人的发展的阶段性要求教育要从学生的实际出发，尊重不同年龄阶段学生的特点，并根据这些特点提出不同的发展任务，采用不同的教育方法和内容，进行有针对性的教育。

（四）个别差异性

尽管正常人的发展要经历一些共同的基本阶段，但个别差异仍然非常明显，每个人的发展优势，发展的速度、高度往往是千差万别的。正是由于这些差别，才构成了多姿多彩的人类世界。人的发展的个别差异性要求教育必须深入了解学生，针对学生不同的发展水平以及不同的兴趣、爱好和特长进行因材施教，引导学生扬长避短、发展个性，促进学生自由地发展。

（五）整体性【15江师大】

教育面对的是一个个活生生的、整体的人，他们既具有生物性和社会性，还表现出个体的独特性。如果不从整体上把握教育对象的特征，就无法教育人。事实上，人的生理、心理

和社会性等方面的发展是密切地联系在一起的，并在人的发展过程中相互作用，使人的发展表现出明显的整体性。人的发展的整体性要求教育要把学生看作复杂的整体，促进学生在德、智、体、美等方面全面和谐地发展，把学生培养成为完整和完善的人。

【背诵口诀】“整个皆（阶）不顺”

分别对应：整体性、个别差异性、阶段性、不平衡性、顺序性。

题目：人的发展的规律性 **易考题型：**简答题、论述题

已考学校：10/17 天师 10 南师 辽宁 10/11/12/13 华中 12 哈师 沈师 云南 福师 13 浙师 福师 扬大 聊城 14 南师 15/16 鲁东 16/17 青岛 16 内师 沈师 南师 海师 湖南科技 12/16/17/18 沈阳 17 温大 沈师 浙师 安师 安徽 西华 湖南 18 郑大 中国海洋大学 沈师 19 苏大 湖北大学 湖北师范 湖南 宝鸡文理 广西师范 11/18/19 渤海大学 20 聊大 宝鸡文理 17/18/20 扬大

第二节 影响人的发展的基本因素（重点）

影响人身心发展的因素是多方面的，概括地说，包括遗传、环境、个体的主观能动性和教育四方面。

一、遗传在人的发展中的作用

1. 遗传素质是人的发展的生理前提，为人的发展提供了可能性

遗传是指从上代继承下来的生理解剖上的特点，如机体的结构、形态、感官和神经系统的特点及本能、天赋倾向等。这些遗传的生理特点，也叫遗传素质，是人身心发展的前提条件。同时，遗传素质为人的发展提供了巨大的生理潜能和多样的可能性。但是，它不是现成的知识、才能、思想道德品质，不能决定人的发展。

2. 遗传素质的成熟制约着人的发展过程及年龄特征

遗传素质本身有一个发展过程，它主要表现为人的身体的各种器官的构造及其功能的发展变化与完善。如周岁幼儿学走路，青少年身高的剧增，骨骼构造的变化，心肺和大脑的发育，性的成熟等。遗传素质的成熟程度，为一定年龄阶段的身心特点的出现提供了可能与限制，制约着人的发展的年龄特征。

3. 遗传素质的差异性对人的发展有重要的影响

人的遗传素质是有差异的。人的遗传素质的差异不仅表现在体态和感觉器官的功能上，也表现在神经活动的类型上。遗传素质的差异，对于人的发展有重要的影响。一个在禀赋的某一方面比一般人优异的人，如果后天又得到适宜的培养和努力，他就可以在某一方面比一般

人发展得快一些、高一些；一个天生的弱智儿童，则会给教育工作带来困难。

4.遗传素质具有可塑性

随着环境、教育和实践活动的作用，人的遗传素质会逐渐地发生变化，这就说明了遗传素质具有可塑性。

遗传素质为人的发展提供了生理上的可能性，但人成长为什么样的人，并不决定于人的遗传素质。历史上曾出现过“生而知之”的“天才论”，把人的知识才能和道德品质的好坏，说成是天生的遗传决定的，是不科学的。那种反动的“血统论”，把人的革命或是反革命说成是从父母那里遗传得来的，更是荒谬的。

总之，遗传素质对人的发展具有重要作用，但也不能因为遗传素质为人的发展提供物质基础和可能性，就无限夸大遗传素质的作用。

二、环境在人的发展中的作用

1.环境是人的发展的外部条件

环境泛指个体生存于其中并影响个体发展的外部世界。人的生存的发展与环境的关系十分复杂，根据其性质可分为自然环境和社会环境两大类。

对于儿童的发展来说，环境指的是前人的历史活动所创造的个体生活和活动于其中的，对他的发展产生影响的那一部分外在世界。这个环境包括自然环境，但主要是社会环境，是前人以自己的劳动和活动为后代所设置的生活环境。社会环境是儿童得以发展的现实条件和现实源泉，对人的发展起着重要的不可替代的作用。

2.环境的给定性与主体的选择性

环境的给定性是指由自然、历史，由前人、他人为儿童个体所创造的环境，它对于儿童来说是客观的、先天的、给定的。

儿童只能在先在的、既成的、给定的环境中生活，无法抗拒或摆脱环境的影响与限制，只有适应环境而生活，并从中获得自身的生存与发展。但是环境的给定性并不意味着人的发展、人的命运已经被确定了。因为，环境是一个非常丰富、复杂而变动不居的条件，而人是具有能动性的主体。随着年龄和经验的增长，主体对环境的能动性、选择性也会逐步增强。

3.环境对人的发展的制约作用离不开人对环境的能动活动

环境的给定性离不开主体的选择性，环境的给定性不但不会限制人的选择性，反而会激发人的能动性、创造性。当然，给定的环境条件也不是一成不变的，二者的相互作用蕴含着人多种多样的发展可能性。同时，环境的作用可能是积极的，也可能是消极的，我们不能过分夸大环境的作用。

【总结】从总体上看，环境对人的影响具有给定性、复杂性、丰富性、发展性、多变性，它提供给每一个人的发展的条件、资源、刺激和机遇是各不相同的，人对环境影响做出的选择和反应也是具有差异的，于是形成了千差万别的个体生活与富有个性的发展状况。

三、个体能动性在人的发展中的作用

1. 个体的能动性是在人的活动中产生和表现出来的

在人的社会生活与活动过程中，为了解决生活、生存与发展的需要，人始终是作为活动的主体而存在的。

人不仅是认识和改造客观世界的主体，同时也是认识和改造自身的主体，并在认识和改造客观世界和主体自身的过程中表现出人的能动性。人是在以自己的活动为中介同环境相互作用过程中接受着环境的影响，同时也改造着环境，并在改造环境的过程中改造着自己。

2. 个体的能动性是人的发展的内在动力

人不仅是社会历史活动的主体，而且是自身发展的主体。人在自身发展过程中也会表现出人所特有的能动性。这种能动性主要表现为人在活动和交往的基础上能动地进行自我认识、自我建构和自我创造，其表现形式多种多样。主要有两方面：一方面，人们在社会实践的基础上能动地认识世界；另一方面，人是在认识的指导下通过实践能动地改造世界。个体的能动性不仅影响个体对环境的选择，而且影响个体对环境的加工。

3. 个体的能动性影响人的自我设计和奋斗

人的自我设计和奋斗主要表现在两方面：一方面，是人在认识自己与周围环境现实关系的前提下，不断地为自己的发展创造条件，而不是消极期待客观条件的成熟；另一方面，是人勾勒自己未来前景，选择自己的发展目标，策划实现该目标的行动，并坚持为实现目标而践行，在践行中反思，不断调整策略和行为，不断克服困难和干扰，以实现自我发展的目标。

个体的能动性使人在意识中理智地复现以往的已有自我、调控今日的现实自我、筹划未来的理想自我，并在这个过程中不断增强“自我塑造”的能力。

1. 题目：影响人的发展的基本因素　**易考题型：**简答题、论述题

已考学校：10 浙师 青岛 东师 中山大学 11 东师 曲阜 11/15 渤海 12 聊大 北航 13/16 西华 14 内师 11/12/15/19 江西师大 16 哈尔滨 天师 17 湖大 青岛 华南 天津职业 18 西华 江苏 海南 石河子 江西师大 延大 18/19 湖北大学 15/17/18/19 吉师 19 河北 20 湖南理工 西华 鲁东 湖北 云南

2. 题目：遗传在人的发展中的作用　**易考题型：**简答题、论述题

已考学校：11 哈师 11/15 江西师大 13 陕师 东师 15 福师 16 江苏师大 哈师 15/17 海师 19 上师 广西师大 鲁东

3. 题目：环境在人的发展中的作用　**易考题型：**简答题、论述题

已考学校：10 西北 11 北师 聊大 15 山师 17 民大 福师 18 赣南师范 广东技术师范 内师大 陕师 19 曲师 上师 山东师大 山西师大

4. 题目：个体能动性在人的发展中的作用　**易考题型：**简答题、论述题

已考学校：16 内师 17 天大 华中 19 天师 20 江苏师范

第三节 教育对人的发展的重大作用（重点）

一、教育是一种有目的地培养人的社会活动

教育不管是有组织的或是无组织的，系统的或是零碎的，家庭的或是学校的、社会的，都是有目的地培养人的社会活动，这是教育的质的规定性。教育尤其是学校教育，作为有目的地培养人的社会活动，对人的发展起着主导作用。

教育活动中的人的发展是一种在人的有目的地参与、干预下所发生的变化过程。也就是说，受教育者的身心发展是包括受教育者在内的人的有目的地学习、培养、锻炼和建构的成果。

教育作为一种有目的地培养人的社会活动，就是在一定教育目的地引领下，通过人的主体选择把人的发展中所蕴含的某一种或几种符合教育目的的可能因素在人的发展过程中呈现出来，改变人在自然状态下自发的发展过程，以期形成教育目的所规定的理想品质。

二、教育主要通过文化知识的传递来培养人

教育主要是通过文化知识的传承来培养人的，文化知识是滋养人生长最重要的社会因素与资源。文化知识之所以对人的发展至关重要，主要是因为文化知识蕴含着有利于人的发展的各方面价值。

1. 知识的认识价值

学生掌握知识，意味着他对知识所指的事物的认识，弄清事物是什么，把握住事物的特性。学生掌握知识的广度和深度，制约着他对事物的视域和对世界认识的广度和深度。学生掌握知识，还意味着掌握认识的资料和资源。学生认识的发展依赖于对知识资料、资源的思维加工，由不知转化为知，由旧知通向新知，在头脑里构思和想象现实中尚不存在的东西。

2. 知识的能力价值

知识是心理操作与行为操作的认识结晶。学生学习知识的过程，要经历知识的展开过程和知识的发现过程，对知识进行心理操作和行为操作。这种操作方式的定性和积淀过程，也就是学生心理的认识能力和行为操作技能的形成过程。所以，学生学习知识，不仅要掌握知识的内容，而且要掌握知识的形式；不仅要获得对事物的认识，而且要形成从心理上和行为上操作事物的方法和能力；不仅要学会善于传承文化知识、技能，而且要形成探究、发现与创新知识的意向。

3. 知识的陶冶价值

知识蕴含着科学精神和人文精神，而科学精神和人文精神正是构成人生智慧的基本要素。科学精神引导人尊重事实、实事求是、诚实劳动、独立思考、追求真理等。人文精神引导人追问人生意义，追求人的价值、尊严、自由、权益和社会平等、社会正义，向往人的解放。学生在科学精神和人文精神的陶冶下，体验到以史为据的事实尺度和以人为本的价值尺

度，从而真正地形成人生智慧、人生抱负，担当起社会责任。

4. 知识的实践价值

知识具有对社会实践的有用性或有效性。学生通过学习获取知识，认识事物特性，也就获得了通过社会实践改造事物的可能性。他可以依据事物的特性、新的需要或生活中面临的问题重组知识，并付诸实施，以改变事物或生活的现状，创造出新的事物或新的生活情境。这对学生来说，大体上是一个将外在的知识转化为内在素质，又由内在素质外显为社会实践的过程。

三、教育对人的发展作用越来越大

在社会发展的不同阶段，教育对人的发展所起的作用并不是完全相同的。与古代社会相比，现代社会对人的发展和教育提出了越来越高的要求，教育对人的发展的作用也越来越大，这在人的现代性发展方面表现得尤为明显。我国正在进行现代化建设，人的现代化是社会现代化的重要基础和前提条件。我们应当自觉地优先发展教育，高度重视并充分发挥教育促进人的现代化的作用。

【背诵口诀】对人的发展的影响因素：“叫伊能静（台湾歌手）”

分别对应：教育、遗传、个体能动性、环境。

1. **题目：**教育对人的发展的主导作用　**易考题型：**简答题、论述题

已考学校：10 聊大　曲阜 11 安师 12 徐师　广西师大 13 北师　湖大　徐师 14 华南　哈师 15 集美　曲阜 16 东师　湖师 17 山师　华中　天师　扬大　南师 18 曲师　辽师　西华师大　宁波 10/14/16/17 西北 14/15 川师 15/16 苏大 11/13/14/19 西南 19 贵师　华中　信阳师大 20 辽师　陕师

2. **题目：**教育主要通过文化知识的传递来培养人　**易考题型：**简答题、论述题

已考学校：13 徐师 14 福师 15 扬大　西外 19 福师

【常考超纲知识点汇总】

一、有人认为“近墨者黑”，有人认为“近墨者未必黑”，请联系自己的成长过程谈看法。

“近墨者黑”是环境决定论的观点，它夸大了环境对人的发展的影响。“近墨者未必黑”是正确的，它强调了人的能动性对人的发展所起的作用。

（一）环境是人的发展的外部条件

婴儿从呱呱落地时起，就一直受着环境的各种影响。在环境的影响下，儿童发展着身心，获得一定的生活经验、知识和语言能力，形成各种思想意识和行为习惯。

（二）环境对人的发展的作用离不开人对环境的能动活动

人不仅能够适应环境而生活，而且能够选择、改造环境以求自身的发展，进而还能够有意识地选择、利用环境的条件与资源来为年青一代获得更好的发展服务。

所以说，尽管环境对人的发展具有重要的影响，但它并不能简单地决定人的发展。环境决定论者把人看成是环境的消极、被动的产物，片面夸大环境对个体发展的作用，是错误的。人是具有能动性的主体，环境的影响只有通过人的选择和认同才能起作用，即所谓“近墨者未必黑”。

二、内发论（重点）【20曲师】

认为人的身心发展的力量主要源于人自身的内在需要，身心发展的顺序是由身心成熟的机制决定的。代表人物有孟子。人的本能是最基本的自然本能，它是推动人发展的潜在的、无意识的、最根本的动因。人的发展基因决定特定的顺序支配，教育要想通过外部训练抢在成熟之前形成某项能力是低效的，甚至是徒劳的。

三、外铄论（重点）【17东师 北师 内师】

认为人的发展主要依靠外在的力量，诸如环境的刺激和要求、他人的影响和学校教育等。代表人物有荀子。由于外铄论强调外部因素对身心发展的作用，一般强调教育的价值和作用，对教育改造人的本性、形成社会发展所需要的知识等方面持积极乐观的态度。

第四章　教育与社会的发展

复习提示

教育与社会的发展和教育与人的发展是教育基本问题中密切相连的两个基本关系。本章是重点章节。学习本章，要求考生理解生产力、政治经济制度、文化、人口等对教育发展的影响和制约作用，掌握教育的社会功能，理解当代社会发展对教育的需求与挑战。

知识框架

- 教育与社会的发展
  - 教育的社会制约性
    - 生产力对教育的制约
    - 社会经济政治制度对教育的制约
    - 文化对教育的制约与影响
  - 教育的社会功能
    - 教育的社会变迁功能
      - 教育的经济功能
      - 教育的政治功能
      - 教育的生态功能
      - 教育的文化功能
    - 教育的社会流动功能
      - 含义
      - 历史发展
      - 重要意义
    - 教育的社会功能与教育的相对独立性
      - 关系
      - 教育的相对独立性
  - 教育与我国社会主义建设
    - 教育在我国社会主义建设中的地位和作用
    - 科教兴国与国兴科教
      - 国兴教育的重大举措和巨大成绩
      - 国兴教育面临的问题
      - 努力办好让人民满意的教育

第一节 教育的社会制约性

一、生产力对教育的制约（重点）

（一）生产力的发展制约教育事业发展的规模和速度

物质资料的生产是人类社会存在与发展的基础，办教育必须要有一定的人力物力做支撑和保障。生产力的发展既为教育事业的发展提供了物质条件，也要求教育通过相应的发展，为生产培养所需之才。教育事业发展的规模和速度归根结底是由生产力的发展水平和状况决定的。一定的教育必须与一定的生产力发展相适应，这是学校教育发展必须遵循的规律。

（二）生产力的发展水平制约人才培养的规格和教育结构

教育的根本问题是培养什么人的问题。社会生产力的水平、方式决定劳动力的规格，进而决定教育所培养人的规格，尤其是人的知识、技能和态度的规格。学校教育结构反映经济的技术结构和产业结构的发展变革。这样，教育为生产培养的人才能满足生产力发展的需求，否则，即使培养的人才在总量上有富余，但仍会出现结构性失调。

（三）生产力的发展制约教学内容、教学方法和教学组织形式的发展和改革

生产力的发展推动了科学技术的发展，也必然促进教学内容的发展与更新。教学方法和教学组织形式的变革都是与生产力的发展和科学技术的运用紧密相关的。例如，班级教学组织形式的产生与改进，探究、实验、参观和直观教具、影视、多媒体教学等现代方法的运用。

【背诵口诀】“龟速人杰内法治”

分别对应：龟速——事业发展的规模和速度；人杰——人才培养的规格和教育结构；内——教学内容；法治：教学方法和教学组织形式。

二、社会经济政治制度对教育的制约（重点）

（一）社会经济政治制度的性质制约着教育的性质

社会经济政治制度的性质决定着教育的性质，有什么样的社会关系，就会有什么样的教育；社会经济政治制度的发展变化也决定着教育的发展；阶级社会的教育都反映着统治阶级的需要，是一定社会进行统治的工具。

（二）社会经济政治制度制约着教育的宗旨与目的

教育是一种有目的、有计划、有组织地培养人的社会实践活动。社会性质不同，教育目的也就有所差异。社会中占统治地位的阶级，为了确保教育能够培养出他们所需要的人才，总是利用他们所掌握的国家机器，直接控制教育，为教育确定人才培养的规格标准，选择教育内容，提出道德要求等，使教育为特定的社会关系服务。

（三）社会经济政治制度制约着教育的领导权

在人类社会中，谁掌握了生产资料，谁掌握了政权，谁就支配着精神生产的资料，掌握着教育的领导权。在阶级社会中，统治阶级总是利用他们的政权力量来颁布教育的方针、路线和政策，制定教育的目的和政策，控制教育的经费等，他们通过这些手段，把教育权掌握在自己的手里。

（四）社会经济政治制度制约着受教育权

受教育权是判断和确定一个国家和社会教育性质的重要标志，它是由社会的经济政治制度决定的。谁有受学校教育的权利、谁无受学校教育的权利、谁有受什么样的学校教育的权利，都是由社会的经济政治制度决定的。

（五）社会经济政治制度制约着教育内容、教育结构和教育管理体制

社会经济政治制度决定教育目的的性质，也必然影响和支配教育内容的选择和编制，决定教育内容的体系。在知识数量范围和程度已经确定的条件下，选择哪些知识作为学校教育内容，在这些教育内容中选择什么为重点，渗透或突出什么样的思想观点，必然要符合社会的经济制度和统治阶级的阶级利益及其意识形态。

【背诵口诀】“性宗目两权，内结理”

分别对应：性——性质；宗目——宗旨与目的；两权——领导权、受教育权；内结理——教育内容、教育结构、教育管理体制。

三、文化对教育的制约与影响（重点）

（一）文化知识制约着教育的内容和水平

人类创造了文化，并在创造文化的活动过程中发展与提高了自身。年青一代只有在传承和学用前人创造的文化知识的基础上才能成长为一定社会的成员。可见，文化是教育的基础，教育的本质是“以文化人”，即通过传承和创新文化来培养人才。尤其是学校教育，它的一个重要任务就是传授系统的文化知识，包括自然、社会和思维的科学知识。故文化是教育的主要资源，文化知识的发展特性与水平制约着教育的发展特性与水平。

（二）文化模式制约着教育环境与教育模式

文化模式为教育提供了特定的背景。教育促进个人的发展，必须受到特定文化模式的制约。文化模式还从多方面制约着教育模式，不同文化模式下教育目的、内容、方式等都有很大的差异。如东方文化模式是追求和谐、崇尚德性；西方文化模式是追求征服、崇尚理性。

（三）文化传统制约着教育的传统与变革

文化传统越久，对教育传统的制约性越大。美国教育注重培养能适应“民主社会”的理想公民，有浓厚的实用主义色彩。英国注重培养有涵养、有文化、品德高尚和拥有智力的绅士；而我国的文化传统强调以民为本，崇尚仁义道德，追求功成名就。因此，正确认识文化传统与教育的关系，对于指导我国今天的教育改革具有重大意义。

【背诵口诀】“知内平、默默还、传传变”

分别对应：知内平——知识制约内容和水平；默默还——模式制约模式和环境；传传变——传统制约传统和变革。

四、科学技术对教育发展的影响和制约（重点）【20 云南】

1. 科学技术影响教育者的教育观念，提高其教育能力。科技影响教育者对教育内容和方法的选择、对教育工具的使用，也促使他们认识教育规律。

2. 科学技术影响教育对象。一方面，科学的发展逐渐揭示出教育对象的身心发展规律，从而使教育活动更符合这种规律，并使学习者扩展自己的受教育能力；另一方面，科学的发展及其在技术上的广泛应用，使教育对象的视野得以扩大，实践经验得以增加。

3. 科学技术渗透到教育影响的所有环节之中，为教育措施的更新和发展提供各种必需的思想要素和技术条件。科学迅速发展迫使课程体系不断变化，教学内容不断更新，教育教学设施、设备不断更新与完善，教育方法不断变化与拓展。

五、人口对教育发展的影响和制约（重点）

1. 人口数量对教育发展有较大影响和制约。表现为：一是人口数量影响教育发展的规模，人口的高增长必然要求扩大教育的规模；二是人口数量影响着教育结构；三是人口数量特别是人口的增长率影响着教育质量。

2. 人口质量影响着教育质量。表现为直接和间接两个方面。直接影响是指入学者已有的水平对教育质量的总影响。间接影响是指年长一代的人口质量影响新生一代为对象的学校教育质量。

3. 人口结构对教育发展也有一定的影响和制约。人口结构包括人口的自然结构与社会结构。自然结构指人口的年龄、性别等方面。社会结构指人口的阶级、文化、职业、地域、民族等方面。人口结构对教育结构产生很大影响。表现为：人口的年龄结构会影响各级各类学校在学校教育系统中的比例；人口的文化构成对教育需求和质量产生很大影响；人口的民族结构对教育的影响更为复杂，需要提供多样化的学校和不同的教育内容，以满足不同民族对教育的不同需求。

4. 人口地域分布的不平衡也会带来教育机构布局的不平衡。人口的疏密度也会影响到学校的办学形式。

5. 人口的流动对于教育的影响也日益凸显。尤其是流动人口及其子女的教育问题、移民教育问题已经成为城镇化和全球化时代面临的重大教育难题。

1. 题目：教育的社会制约性 **易考题型：**简答题、论述题

已考学校：10 湖北大学 苏州 12 华南 华东师大 10/13/16 四川 17 广西师范 18 哈师 19 哈师 集美

2. 题目：生产力对教育的制约 **易考题型：**简答题、论述题

已考学校：10 湖大 11 河北 扬大 杭师 13 河南师大 15 吉林 集美 海南 16 河北大学 18 华南 陕师 安徽 南师

3. 题目：社会经济政治制度对教育的制约 **易考题型：**简答题、论述题

已考学校：10 聊大 14 天师 15 川师 沈师 17 西北 18 宁波大学 南师 陕师 20 广东技术师范

4. 题目：文化对教育的制约与影响 **易考题型：**简答题、论述题

已考学校：10/12 曲阜 12 渤海 13 内师 天师 鲁东 15 湖师 青岛 16 贵师 闽南 17 山东 广西 郑大 12/19 川师

第二节 教育的社会功能

一、教育的社会变迁功能（重点）

含义：是指教育通过开发人的潜能、提高人的素质、引导人的社会实践，促进人的社会化，使人能适应社会的发展，进而能够推动社会的改革与发展的功能。

（一）教育的经济功能

1. 教育是使可能的劳动力转变为现实的劳动力的基本途径

劳动力是生产力中能动的要素。个体生命的成长只构成了可能的劳动力；一个人只有经过教育和训练，掌握一定生产部门的劳动知识和技能，并参与生产某种使用价值，创造一定财富，才能成为现实的生产力。可见，劳动力的培养或生产必须依靠教育。教育是劳动力再生产的手段和途径，它通过培养社会所需要的各种劳动力来推动社会生产与经济发展。

2. 现代教育是促使知识形态的生产力转化为直接的生产力的一种重要途径

科学作为人们认识客观世界成果的知识体系，它仅仅是一种知识形态的生产力，只有当科学知识运用于生产过程，物化为机器、设施及技术时，才有可能转化为现实的生产力；而要实现由知识形态的潜在生产力转化为现实的生产力，除了要通过艰巨而复杂的科学研究、发明创造或革新实践外，其技术成果的推广、经验的总结与提升都需要教育与教学的紧密结合。

3. 现代教育是提高劳动生产率的重要因素

现代生产有其显著特点，它是日益科学化、机械化、电脑化、智能化的生产。它的生产率提高与古代生产不同，主要不是通过增加劳动力数量和延长劳动时间，而是依靠科学技术在生产中的应用、推广和不断革新，依靠提高劳动者受教育的程度与质量、提高劳动者的素

质、扩大脑力劳动者的比重、发挥劳动者在生产和改革中的创造性来实现的。因此，随着科学技术在生产中的作用日益增强，脑力劳动在生产中的比重也越来越大。

【背诵口诀】“劳动生产利率”

分别对应：劳动力、生产力、劳动生产率。

（二）教育的政治功能

1. 教育通过传播一定的社会政治意识形态，完成年青一代的政治社会化

人的社会化是人的发展的重要方面，而政治社会化又是人的社会化的重要方面。政治社会化是指引导人们接受一定的社会政治意识形态，形成适应于一定社会政治制度的政治态度和政治认同感，以及积极参与政治、监督政治的政治习惯与能力的过程。这一过程主要通过教育进行，教育能以直接的或间接的、显性的或隐性的方式向年青一代传播一定的社会政治意识，促进他们的政治社会化，从而为一定社会政治秩序的稳定创造重要条件。

2. 教育通过造就政治管理人才，促进政治体制的变革与完善

古代教育十分重视培养政治管理人才。现代社会强调法治，更加重视政治管理人才的培养。由于科技向管理部门的全面渗透，国家对政治管理人才的要求更高了。许多国家为了适应这种变化，设立了专门培养政治管理人才的学校、系科。社会越发展，对政治管理人才的素质要求越高，通过教育选拔、培养政治管理人才就显得越重要。

3. 教育通过提高全民文化素质，推动国家的民主政治建设

一个国家的政治是否民主，主要取决于该国的政体，但也与国民的文化素质密切相关。一个国家普及教育的程度越高，国民文化素质越高，其国民就越能认识到民主的价值，在政治生活和社会生活中就越能履行民主的权利。而在一个文盲充斥的国家里，政治独裁、宗教迷信和官僚主义则是比较容易推行的。

4. 教育还是形成社会舆论、影响政治时局的重要力量

学校是知识分子和青少年集中的地方，他们有知识，有见解，思想敏锐，勇于发表意见，通过教育者和受教育者的言论、行动、讲演、文章、学校的教材和刊物等，来宣传一定的思想，造就一定的舆论，借以影响群众，为一定的政治、经济服务。

【背诵口诀】“行贿（靠）人治，文明（去）论局”

分别对应：行贿——政治意识形态、政治社会化；人治——政治管理人才，政治体制；文明——文化素质，民主政治建设；论局——社会舆论，政治时局。

（三）教育的生态功能

1. 树立建设生态文明的理念

人类生存在地球的自然怀抱里，是自然的产儿，理应爱护自然母亲，与自然万物和谐共生，共同发展。可是，人们为了个人及群体的私利无止境地向自然索取，力图征服、主宰自然，这是不对的。因此，我们在学校里和社会上要加强生态文明的教育与宣传，让学生从小具有保护生态环境的意识，进而逐步在全社会牢固树立建设生态文明的理念。

2. 普及生态文明知识、提高民族素质

人们对自然开发的无序与过度、运用科技的不当、不懂得珍爱生命和节约资源等，造成了生态灾害与失衡，这些都与人的素质不高相关。因此，我们应当有计划地普及生态文明知识，并注意指导与督促他们将这些知识付诸生活实践，从小养成良好的保护生态环境的行为习惯。

3. 引导建设生态文明的社会活动

生态文明建设关涉社会的移风易俗，所以，学校的生态文明教育不应局限于学校内，要组织学生参与到社区的生态文明建设中去。如组织学生到社会上进行环境保护的宣传、总结环卫与节能的好人好事，参与社区清理环境污染的活动。让学生在社会实践中加深和提高认识，增强生态文明建设的信念。

（四）教育的文化功能

1. 教育对文化的传递

人类社会能从愚昧与野蛮走向今天的文明与开放，是文化教化的结果。而文化教化的前提是文化的传递。广义的教育无时无刻不在起着传递文化的作用。学校教育，因其具有明确的目的、周密的计划、专门的场所、集中的时间、精选的内容与适宜的方法等特点，古往今来，一直承担着传递文化的重要功能。

2. 教育对文化的选择

教育为了有效地传递文化，还必须发挥对文化的选择功能。这一功能体现了教育对文化发展的积极引导和自觉规范。教育的文化选择既要符合社会政治经济制度的利益要求，也要符合人的身心发展的客观规律。当今是多元文化并存的社会，我国的教育应坚持以辩证唯物主义和历史唯物主义为导向，处理好对待传统文化、外来文化与未来文化的选择问题。

3. 教育对文化的发展

文化的生命不仅在于它的保存和积累，更在于它的更新与改造。教育通过把人类已有的精神财富内化为学生个体的精神财富，培养他们对文化的浓厚兴趣，使他们不仅能够适应和参与现实社会的文化活动，而且能够根据未来的社会需要创造更美好的文化。随着社会与教育的日益开放化，学校在加强国际文化交流中的作用也日益明显。教育通过广泛的文化交流，不断地吸收其他民族的文化精华，补充、更新和发展本民族的文化，也是文化发展的一种重要方式。

二、教育的社会变迁功能的历史发展（选看）

1. 原始社会，教育处于萌芽阶段，教育在生产劳动和生活中进行；

2. 古代社会，教育紧紧依附于宗教和政治，因而它的文化功能、政治功能便成为学校教育的核心；

3. 近代，随着市场经济、科学技术、大工业机器生产的发展，学校由注重人文社会知识转向注重科学技术知识和政治知识，文化功能相对衰落；

4. 现代社会，国际竞争日益激烈，而国际竞争归根结底是人才的竞争，振兴教育在越来越多的国家被列为基本国策。

三、教育的社会流动功能（重点）

（一）教育的社会流动功能的含义

是指社会成员通过教育的培养、筛选与提高，能够在不同的社会区域、社会层次、职业岗位、科层组织之间转换、调整和变动，以充分发挥其个性特长，展现其智慧才能，实现其人生抱负。按其流向可分为横向流动功能与纵向流动功能。

1. 教育的社会横向流动功能：指社会成员因受教育和训练，能够在社会区域、社会组织和职业岗位之间做水平的流动，即可以根据社会需要，结合本人意愿与可能，更换其工作地点、任务、单位，来改变其环境而不提升其在社会阶层在科层结构中的地位。

2. 教育的社会纵向流动功能：指社会成员因受培养与筛选，能够在社会阶层、科层结构中做纵向的提升，包括职称晋升、职位升迁、薪酬提级，改变其社会层级地位与作用。

（二）教育的社会流动功能的历史发展（选看）

古代社会，落后的生产工具、狭小的生产规模、森严的宗法等级制度、严格的人身依附关系，决定了社会职业化与社会流动的低水平，教育的社会流动功能只能在统治阶级内部一个较小的范围内进行。到了现代社会，科学技术的广泛运用，市场经济的迅速发展，社会生活的急剧变化，人的独立性、自主性的日益增强，教育的迅猛发展、不断普及与提高，使社会成员几乎都能通过不同科类、不同层次的教育提高自身素质，获得不同的职业和地位，以实现其个人社会流通的美好愿望。于是，教育的社会流动功能也就变得越来越重要。

教育的社会流动功能的不断强化，使教育日益成为激励社会成员奋发图强、不断进取的动力，不仅在很大程度上引导着个体素质全面而自由的发展，而且影响着社会结构局部或整体的变化。这一功能的充分发挥使社会成员的职业岗位与社会地位从决定于政治权力、物质财富，逐步转移到决定于个人的素质，这显然是一种巨大的历史进步。在当代，教育能否充分发挥这一功能，日益引起社会的关注，甚至成为社会生死攸关的问题。

（三）教育的社会流动功能在当代的重要意义（重点）

教育的社会流动功能的地位与作用随着社会的发展变革而日益提升，对个人的社会流动起着基本的主要的作用。

首先，教育已成为现代社会中个人流动的基础。因为如今无论是参军、打工或是经商，总

小米学姐

之，要在社会上生存、生活、流通，就必须具有一定的文化、技术与品质，也就是必须接受基础教育或义务教育。我们必须认识到："基础教育"是必不可少的、走向生活的通行证，享受到这一教育的人能够选择自己将要从事的职业，进而参与建设集体的未来和继续学习。

其次，教育是社会流动的主要通道。如今在我国农村，年青一代要成功地进行社会流通，尤其是纵向流通，只有经过教育，甚至只有经过优质的高等教育才能更好实现阶层的跨越。中国工业化、信息化、城市化建设的过程中，高等教育大众化的加速，正充分展现其主要的社会流通功能，保证了人口与人才的调整、转换与供应。

最后，教育的社会流动功能，实质上是一种关乎发展权利和生存方式的教育资源分配问题，关乎自我实现的教育资源的获得与利用的问题。由此也就产生了教育机会均等的问题。世界各国纷纷实行普及义务教育制度的实践表明，普及义务教育更多的是一种基本的生存权利。

1. 题目：教育的社会功能　**易考题型：**简答题、论述题

已考学校：10 重师　宁波大学　东师 12 辽师　广西　南师　杭师 13 河南师大 14 北师　陕师　南师 15 浙师　东师 16 安师 10/17 苏大 18 山西师大　中南民族 19 中央民大　苏大　浙师 12/14/16/19 西南 20 广西师大　江苏大学

2. 题目：教育的社会变迁功能　**易考题型：**简答题

已考学校：11 山东 12 杭师 13 沈师　华东 14 北师 13/16 沈师 16/17 天师 19 哈尔滨师大 20 江苏师范大学

3. 题目：教育的经济功能　**易考题型：**简答题

已考学校：10 西北 13 陕师 15 温大 16 海南师大　西南 17 西北　华中　吉师 18 宁波大学　广西民族大学　南师　陕师 10/16 河南师大 19 华东

4. 题目：教育的政治功能　**易考题型：**简答题

已考学校：10 湖大 12 北师　青岛大学 13 内师 14 天师 15 海南 12/16 山东师大 17 江苏　福师 18 宁波大学　南师　陕师　闽南师范　华中 19 扬大　辽师 20 川师　淮北师范　贵师　河南师大

5. 题目：教育的生态功能　**易考题型：**简答题

已考学校：12 河南 14 华中　安师 15/17 广西师大 16/17 上师 18 河南师大　天师 19 江苏师大

6. 题目：教育的文化功能　**易考题型：**简答题

已考学校：10 青岛 11 河南 12 浙师　西北 13/18 华中 15 上师 16 北师　贵师 13/17 广西师大　天师 18 闽南师范　集美大学　南师　吉师 19 鲁东　河南师大

7. 题目：教育的社会流动功能　**易考题型：**名词解释、简答题、论述题

已考学校：12 安师 13 华东　福师　河南师大 15 福师　天大 16 广西师大 10/11/15 苏大 10/11/13/20 福师 17/18 辽师 18 川师　内师 10/19 扬大 11/19 华南 19 温大 14/20 上师 20 江苏师范

四、教育的社会功能与教育的相对独立性（重点）

（一）教育的社会变迁功能与社会流动功能的关系（了解）【14 山东师大】

1. 区别

教育的社会变迁功能是就教育所培养的社会实践的主体在生产、科技、经济、政治与文化等社会生活各个领域发挥的作用而言的，它指向的主要是社会整体的存在、延续、演变与发展。在社会变迁过程中，人主要是作为社会的工具来审视、设计、培养和训练，以切实地为社会的变迁服务，为民族或群体的生存与发展条件的改善而努力奋斗。

教育的社会流动功能是就教育所培养的社会实践的主体，通过教育的培养与提高以及在此基础上个人能动性、创造性的弘扬，以实现在职业岗位和社会层次之间的流动和转换而言的，它指向的主要是社会个体生存与发展境遇的改变。在社会流通过程中，人们有意识地使环境变化与社会改革为个人的生存和发展服务。

2. 联系

二者具有内在的联系，相互促进、相辅相成。教育的社会变迁功能为社会流动功能的产生奠定了客观基础，并为其开拓了实现的空间；而教育的社会流动功能的实现程度，既是衡量社会变迁的价值尺度，又是推动社会变迁的动力。二者的互动是社会发展和进步的必要条件，体现了教育对社会发展日益增强的能动作用。

（二）教育的相对独立性（重点）

教育的相对独立性是指教育作为社会的一个子系统，它对社会的能动作用具有自身的特点与规律性，它的发展也有其连续性和继承性。

教育的社会功能与教育相对独立性的关系：一方面，教育是为适应社会生存与发展而产生和发展的，受社会发展的制约，对社会具有依存性；另一方面，教育又是一种主体性的实践活动，在能动地反作用于社会发展的过程中，具有主体自身的价值取向与行为选择，由此实现着教育的社会功能，并表现出自身的相对独立性。教育的社会功能与教育的相对独立性是一致的，前者是后者的主要依据和主要体现。

（三）教育的相对独立性的表现（重点）

1. 教育是培育人的活动，主要通过所培育的人作用于社会

教育，尤其是学校教育，是一种有意识地影响人、培育人、塑造人的社会活动。通过培养人来适应并推进社会向前发展是教育特有的重要社会功能。这一社会功能将随着社会的加速发展，个人的能动性、创造性的递增而迅速增强。我们必须坚持并弘扬教育的这一特性，以便有效地推进现代社会的发展。

2. 教育具有自身的活动特点、规律与原理

教育是培养人的活动，而人具有天赋的能动性、可塑性和创造性潜能，具有特殊的身心发展和成熟的规律。教育、教学及其相关活动，不仅必须认识、遵循和创造性地运用这些基本特点与规律才能卓有成效地培养人才，而且应当重视和遵循前人在这一方面总结的宝贵经验。只有这样，才能在此基础上继续发展、前进。

3. 教育具有自身发展的传统性和连续性

由于教育有自身的特点、规律和特有的社会功能，它一经产生、发展便将形成和强化其相对独立性。包括形成由受教育者、教育者、教育中介系统组成的特定教育结构；形成有一定教育理念、师生关系、文化内容的活动模式；逐步建立形式化、制度化、系统化的教育组织形式；逐步构建按专业、系、院、校运行的学科规则与专业规范等方面整合的教育系统。这是教育发展积累的珍贵资源和财富，它具有发展的连续性、继承性和惯性。我们无论是办学校、发展教育事业，或进行教育改革，都要重视与借鉴教育的历史经验，都应在原有的基础上积极改进、稳步向前，切不可轻率地否定教育的连续性而企图另搞一套。

题目：教育的相对独立性及表现　**易考题型：**名词解释、简答题

已考学校：10 苏大 11 河北大学 陕师 12 中央民大 山东师大 13 云师 14 华南 15 内师 16 曲阜 17 川师 江西 贵师 深大 11/15 杭师 18 民大 中南民族 19 西北 广东技术师范 20 安师 10/20 华中

第三节　教育与我国社会主义建设（重点）【简答题、论述题】

一、教育在我国社会主义建设中的地位和作用（重点）【15 华南 19 集美】

科学发展观是指导我国各项事业发展的世界观和方法论的集中体现。其内容极为丰富，对以培养人为专门特点的教育来说，具有特殊的重要意义。科学发展观，第一要义是发展，核心是以人为本，基本要求是全面协调可持续，根本方法是统筹兼顾。

（一）树立以人为本的教育观【11 北师 13 安师】

以科学发展观指导教育工作，首先就要树立以人为本的教育观。树立以人为本的教育观，意味着肯定教育的根本主旨在于促进人的全面发展，在生产力发展的基础上尽可能地满足大多数人的文化需要，让每个人有公平的受教育机会，开发每个人的发展潜能，启发每个人的自主性、能动性、创造性，引导每个人成为社会的主人、国家的合格公民，自觉地为人民服务，为社会主义现代化建功立业。

树立以人为本的教育观，还意味着肯定人是自我教育、自我发展的主体，教育对人的个性素质的发展起着巨大的作用，但它毕竟还只是促进人的发展的外因，必须要经过人的自我教育，才能转化为人的个性素质。因此，教育必须尊重人在自我教育、自我发展中的主体地位。

（二）把教育摆在优先发展的战略地位

“百年大计，教育为本。”教育在我国社会主义现代化建设中具有基础性、先导性、全局性意义。落实科学发展观，实现科教兴国战略和人才兴国战略，就必然要求把教育摆在优

先发展的战略地位。

教育的基础性：实质上是人的素质在社会主义现代化建设中的基础性。教育的育人功能，教育对人的个性素质全面发展的促进，既是个人为人立世的基础，也是社会稳定和发展的基础。

教育的先导性：是指教育的发展对社会主义现代化建设具有引领作用，我国正处于实现工业化的过程之中，同时又面对知识社会时代的来临，知识不仅是力量，而且成了第一力量、第一资源、第一产业、第一财富、第一权利乃至第一霸权。这对我国既是挑战，也是机遇。

教育的全局性：是指教育的发展关乎社会主义现代化建设的方方面面，具有全局性的影响，教育的功能对社会的发展来说无处不在，除了经济功能，还有政治功能、生态功能、文化功能和社会流动功能。我们不难看出，教育对促进人的价值提升，对我国社会结构的良性演变，对城乡地区贫富差距的缩小，对社会公平的拓展，对人与人、人与自然紧张关系的协调，对和谐社会的建设和完善，都会起到独特的积极作用。

二、科教兴国与国兴科教（重点）

科教兴国战略是1997年在党的十五大报告中，根据我国现代化建设的迫切要求，结合世界科技教育发展的经验和趋势，在科学分析中国国情的基础上提出的一个重要战略方针。实现科教兴国，前提在国兴科技，关键在国兴教育，教育为本。

（一）国兴教育的重大举措和巨大成绩

1. 恢复高考和高校扩招

我国1977年恢复高考，选拔优秀人才，1998年进入高等教育大众化阶段。目前我们在高考录取中要不断努力提高教育质量与教育公平。

2. 普及义务教育的立法

2006年，我国修订了《义务教育法》，对义务教育的性质、经济保障、政府责任、管理体制以及法律责任追究均做了进一步的规定。

3. 对贫困学生的国家资助体系的建立

这是保障教育公平的一块基石，现在，我国把农村义务教育纳入国家财政保障的范围，不仅划拨教育事业费，而且对家庭经济困难的学生给予补助，由政府承担农村义务教育的全部责任，这一根本转变，是中国教育史上一个重要的里程碑。

4. 教育事业的巨大发展

目前，我国学校教育的普及和提高在加速，高等教育也在大众化道路上迅速奔跑，正朝着人力资源强国前进。

（二）国兴教育面临的问题

1. 教育公共投入严重不足

我国教育投入严重偏低，亏缺很大，农村尤甚。虽然国家在逐渐加大投入，但是还不能满足实际需要。

2. 教育公平面临严峻挑战

目前，我国城乡之间、地区之间存在着明显的差距问题，农民工子女受教育需要妥善解决的问题，优质教育资源短缺引发的教育机会不公平问题，种种难题需要我们去解决。

（三）努力办好让人民满意的教育

1. 普及和巩固义务教育

义务教育是一切教育的基石，也是社会主义现代化建设的奠基工程，关系到广大人民群众根本利益的保障和创造潜能的发挥，始终居于教育事业的重中之重的地位。要巩固和完善近年来建立起来的教育经费保障机制。要积极扩大教育优质面，着力引导和扶持农村学校、薄弱学校转化为优质学校，激励已有的优质学校办得更好、更有特色。义务教育还要继续普及和巩固，实施义务教育的学校要让适龄儿童都能上学，读至毕业。

2. 大力发展中等职业教育

中等职业教育是我国教育体系的重要组成部分，是满足学生就业和支撑现代化建设必不可少的重要支柱，必须加快把中等职业教育的发展作为我国教育事业发展的战略重点之一。

3. 大力提高高等教育质量

高等教育处于整个教育发展的龙头地位，高等教育既是专门人才和拔尖创新人才的“培养所”，又是知识创新、技术创新和观念创新的“发源地”，在支撑经济社会发展、提高自主创新能力、增强综合国力中具有不可替代的重要作用。

1. 题目：把教育摆在优先发展的战略地位 **易考题型：**简答题

已考学校：10 渤海大学 曲师 江苏师大 15 华南师大 15/16 安师 18 山西师大 海南师大

2. 题目：国兴教育面临的问题 **易考题型：**简答题

已考学校：10 哈师 10/12 山东师大 12 中央民大 15 苏大 18 宝鸡

3. 题目：如何办好让人民满意的教育 **易考题型：**简答题

已考学校：10 哈师 徐师 宁波 11 首师 12/13 东师 17 河北师大 18 宝鸡 19 东北师大 江西科技师范大学

第五章　教育的目的

复习提示

本章主要是围绕教育目的来谈的。既然谈到教育目的，我们首先就要去认识教育目的，需要掌握教育目的的概念，教育目的的层次结构和内容结构。但是我们知其然还要知其所以然，这些教育目的是怎么产生的？它的制定是主观随意的，还是受客观需求制约的？是否有其理论基础呢？这些问题对于我们深刻认识教育目的的实质和把握制定教育目的的依据都有帮助。在中外教育思想史上，人们也提出过形形色色的教育目的，为了解决以上疑问，赶紧开启第五章的学习吧。

知识框架

- 教育的目的
  - 教育目的的概述
    - 概念
    - 意义
      - 定向作用
      - 调控作用
      - 评价作用
    - 教育目的的层次结构和内容结构
  - 教育目的的理论基础
    - 教育目的的社会制约性
    - 教育目的的价值取向
      - 个人本位论
      - 社会本位论
    - 马克思主义关于人的全面发展的学说
  - 我国的教育目的
    - 我国教育目的的基本精神
      - 培养“劳动者”或“社会主义建设人才”
      - 坚持全面发展
      - 培养独立个性
    - 我国教育目的的实现
      - 普通中小学的性质与任务
      - 普通中小学教育的组成部分

第一节　教育目的的概述

一、教育目的的概念与意义

（一）教育目的的概念（重点）

1. 概念

教育目的是把受教育者培养成一定社会所需要的人的总要求，是学校教育所需要培养的人的质量规格，是教育活动的方向和目标，也是教育活动的出发点和归宿。从内涵上看，广义的教育目的是指存在于人的头脑之中的对受教育者的期望和需求。狭义的教育目的是指由国家提出的教育总目的和各级各类学校的教育目标，以及课程与教学等方面对所培养的人的要求。从形态上看，理论形态的教育目的是人们根据现存的社会条件和教育目的的基本理论所提出的具有某种倾向性的教育目的。实践形态的教育目的是指教育工作者或与教育有直接联系的人，在自己的教育行为中所实际追求的教育目的。

题目：教育目的　**易考题型：**名词解释

已考学校：10 沈师　天师　中山大学　宁波大学　重师 11 杭师　浙师　河北大学 12 上师　徐师　苏大　安师　哈师　内师　西北 13 华南　陕师　中央民大 14 西南　上师　苏大　南师　安师　扬大　内师 15 江西师大　曲阜　温大 16 内师　华中　曲阜　江西　贵师　山师　哈师　西南　集美　河南师大 17 东师　重师　贵师　温大　杭师　西北　中国海洋大学　宁波 10/13 华东 10/12 华中 10/14 杭师 11/12/15 江西 15/16/17 华南 18 扬大　赣南师范　闽南　中南民族　湖北大学　内蒙古民族大学　山西大学　西华师大　云师　南师 19 天师　辽师　贵师　吉师　海师　华东　聊城　广东技术师范　河南师大 20 宝鸡文理　陕师　重师　延安　华中

2. 教育目的的意义（重点）

（1）定向作用。教育目的规定了学校教育和学生发展的根本方向，是学校办学的根本指导思想，也是学生发展的基本定向，是学校教育工作的起点和归宿，并制约其全过程。学校只能根据教育目的的要求来办学，否则，就会偏离社会主义的办学方向和轨道。

（2）调控作用。教育目的规定了学校教育培养人才的基本质量和规格标准，对学校教育的实施起调节控制作用。

（3）评价作用。学校的办学质量以及学生的发展质量如何，可以有很多的标准来衡量，但评价学校教育质量的根本标准乃是教育目的。一般来说，凡是遵循教育目的要求办学并实现了学校教育目的的学校，我们认为其教育质量就高。

从总体上看，教育目的是教育活动的出发点和依据，也是教育活动的归宿。它对于明确教育方向、建立教育制度、确定教育内容、选择教育方法、组织教育活动、进行教育管理、评估教育质量、引领和激励受教育者起着指导作用。

【背诵口诀】“定调频”（可以联想为看电视的时候一家人商量着调频道）
分别对应：定向、调控、评价。

二、教育目的的层次结构和内容结构（重点）【18 辽师】

（一）教育目的的层次结构

是指在国家教育总目标的指导下，由各级各类学校的培养目标以及实现这些目标所必需的课程与教学目标构成的教育目标系统，它们由抽象到具体形成了一个完整的目标体系结构。一般来说，这一目标体系由四个层次构成：一是国家或社会所规定的教育的总目的，即代表国家或社会对受教育者提出总的要求；二是各级各类学校的培养目标，即在总目的的指导下，依据学校的层次、性质、人才培养的具体质量规格的不同，形成不同学校的不同培养目标；三是课程目标，即课程方案设置的各个教学科目所规定的教学应达到的要求或标准；四是教学目标，即教师在实施课程计划过程中，在完成某一阶段的教学工作时所期望达到的要求或结果。

（二）教育目的的内容结构

是指教育目的由哪几个部分构成及相互间的关系。教育目的一般由两部分组成：一是就教育所需要培养的人的身心素质做出规定，即提出受教育者在德、智、体、美等诸方面的要求，以期使受教育者形成某种个性结构；二是就教育所要培养的人的社会价值做出规定，即指明这种人符合什么社会需要或为什么阶级利益服务。其中，关于人的身心素质的规定是教育目的内容结构的核心部分。

题目：教育目的的层次结构 **易考题型：**名词解释、简答题
已考学校：12/13 广西师大 12 南师 16 云师 东北师大 17 江苏师大 18/19 广西师范学院 19 海洋

第二节 教育目的的理论基础【19 浙师】

一、教育目的的社会制约性（重点）【12 内师 17 天大 18 云师】【简答题】

教育目的的社会制约性，亦是制定教育目的的依据。一般来说，教育目的总是由人提出来的，它在形式上是主观的；但人们提出的教育目的却有其现实的社会根源，它的内容是客观的。人们提出形形色色的教育目的，不管他们承认不承认，实际上都是社会对其成员质量规格的客观需求在他们意识中的反映，是他们所处时代的产物，这就是所谓教育目的的社会制约性。

（一）教育目的受一定的生产力和生产关系以及以此为基础的政治观点与制度的制约

教育的根本任务是培养人，在古代社会，生产力发展水平很低，对年青一代的教育在劳动中进行，其教育目的是培养生产者；文字产生以后，慢慢出现了学校教育，其教育目的是为政治机构培养官吏与学者；在近现代，教育目的是要培养从事国家事务的管理者及各种专门人才。

在阶级社会里，教育目的总是由统治阶级根据其阶级利益而制定的，具有鲜明的阶级性。在社会主义社会里，教育的目的是培养德、智、体全面发展的社会主义现代化事业的建设者和接班人。因此教育目的必然受制于一定的政治经济制度。

（二）教育目的的制定要考虑受教育者的身心特点，但它不影响教育的性质和方向

教育活动要想达到原本的教育目的，主要应符合教育对象的身心发展规律，具体体现在：（1）教育目的的确立要符合教育对象的身心发展程度，不能超出学生发展的能力范围，要在学生最近发展区内使学生获得最大的发展空间；（2）教育目的的制定还要符合教育对象的身心发展变化，根据学生的不同特点和身心发展程度制定教育目的，使学生得到更完全的发展；（3）教育目的尤其是具体培养目标的确立也要符合教育对象不同阶段的身心需要。

二、教育目的的价值取向（重点）【15/19 湖北大学】

（一）含义

所谓教育目的的价值取向，是指教育目的的提出者或从事教育活动的主体依据自身的需要对教育价值做出选择时所持有的一种倾向。人们提出教育目的即把受教育者培养成什么样的人，必然从他们的利益出发，从他们改造自然、改造社会的需要出发，有所权衡、有所选择，在观念上构建出一个自以为是合理的且具有理想性的人的形象，以此作为教育活动所要实现的目的。

（二）基本类型

由于人们对教育持有不同的价值观，因而在教育目的上就形成了两种不同理论：个人本位论、社会本位论。

1. 个人本位论

个人本位论者认为，教育目的应当由人的本性、本能的需要来决定，教育的根本目的就是人的本性和本能的高度发展，这就是所谓的个人本位论。代表人物：卢梭、裴斯泰洛齐、洛克、福禄培尔等。

主要有以下观点：

（1）教育目的是根据个人的发展需要制定的，而不是根据社会的需要而制定的。

（2）人的本性是“自然性”，人生来就有健全的本能，教育的基本职能就在于使这种本能不受影响地得到发展。

（3）个人的价值高于社会的价值。社会价值只有有助于个体发展时才有价值，无个人

就无社会。

【评价】①从积极意义上来看，我们认为，这种把个人自身的需要作为制定教育目的的依据，在一定历史条件下是有一定进步意义的。它在教育上反对宗教神学对个人思想的禁锢，反对封建专制强加于人的教育要求，提出让人的个性得到解放，要尊重人的要求与价值，这些都具有极其深远的意义。

②从消极意义上来看，在教育目的的价值取向上，如果只强调个人的需要与个性的发展，而一味贬低和反对社会的需要和发展，那是片面的、极其错误的。

2. 社会本位论

社会本位论者认为，教育目的是由社会的需要所决定的，培养社会所需要的人就是教育要追求的根本目的，教育目的应该是按照社会对个人的要求来设计的。代表人物：凯兴斯泰纳、涂尔干、柏拉图、赫尔巴特等。

主要有以下观点：

（1）教育目的应以社会需要为根本或出发点，强调以社会的发展需要为主来制定教育目的。教育的最高目的在于使个人成为国家的合格公民。

（2）人的本性是社会性，人的一切发展都依赖于社会。

（3）社会的价值高于个人的价值。个人的使命在于为国家或社会进步事业献身。

【评价】①从积极意义上来看，社会本位论者从社会需要出发来选择教育目的的价值取向，无疑是看到了教育的社会作用，特别是在今天这样一个生产高度社会化的时代，在一定意义上也是有借鉴价值的。

②从消极意义上来看，社会本位论只是站在社会的立场看教育而完全抹杀了个人在选择教育目的过程中的作用，并以此来排斥教育满足个人发展的需要，这是不正确的，必须避免片面思维模式。

【背诵口诀】“社会本位论”和“个人本位论”二者的主体知识点是相对应的：一是教育目的；二是人的本性；三是谁高于谁。

1. 题目：教育目的价值取向的基本类型　**易考题型：**简答题、论述题

已考学校：10 广西师大　浙师 11 杭师　安师　华东　首师 12 河北大学　江西师大　内师 13 北师大 13/14 天大 14 南师　沈师　扬大 15 杭师　山师　西外　广西师大 16 扬大　广西师大 17 山西　深大　川师 18 重师 20 宁波　海南师范

2. 题目：个人本位论　**易考题型：**名词解释、简答题

已考学校：10 浙师 12/18 河北师大 13 南师 14 江苏师大 15 沈师 18 赣南师大　合肥师大 19 曲师大　重师　华中　广西民族　江西科技师范大学 20 福师

3. 题目：社会本位论　**易考题型：**名词解释、简答题

已考学校： 11 杭师 华东师大 12 云师 13 河南师大 14 江西师大 南师 15 海洋 16 扬大 18 苏大 山东师大 广西师范 重师

三、马克思主义关于人的全面发展的学说（重点）

（一）马克思主义关于人的全面发展的科学含义

首先，人的全面发展是指人的劳动能力的全面发展。在马克思看来，人的全面发展，就其最基本的意义而言，是指人能够适应不同的劳动需求，没有劳动，社会和个人都不可能存在，更谈不上人的发展。其次，人的全面发展是指人的体力和智力的全面发展。全面发展的人将是体力劳动和脑力劳动相结合，在体力和智力上得到协调发展的人。最后，人的全面发展是指人的先天和后天的各种才能、志趣、道德和审美能力的充分发展，即人的个性的自由发展。

（二）马克思主义论人的全面发展必须具备的社会条件

1. 人的发展是与社会的发展相一致的，工场手工业的分工加剧了工人的片面发展

人的发展不是由人的意志和愿望决定的，也不是人性的自我发展，人的发展是由整个社会的发展所决定的。过去各种不同的独立的手工业工人变成手工工场工人以后，他们就逐渐失去了全面从事原来手工业劳动的能力，终身被束缚在一种工具上，从事一种技能的操作。

2. 生产力高速发展的大工业社会为人的全面发展提供了物质基础

首先，大工业生产依靠的是先进的科学技术，使劳动者通过学习掌握生产过程的基本原理、技能，了解整个生产系统成为可能；其次，大工业的发展，促进了劳动生产率的提高，从而缩短劳动时间、减轻劳动强度，使劳动者有更多的自由时间来学技术、学文化、发展自己的兴趣和特长；再次，市场的扩大和普遍交往为人的全面发展提供了可能性；最后，大工业的发展使新产业不断兴起，使社会内部的分工不断发生革命，劳动变换加速，要求人必须全面发展。

3. 实现全面发展的人的根本途径是教育与生产劳动相结合

一个全面发展的人的基本特征是体力和智力都得到充分的自由的发展。教育与劳动生产相结合，不是机械的教育与劳动的相加，它内涵丰富，包括理论与实践的结合、学与用的结合、知识分子与劳动人民的结合等。

（三）马克思关于人的全面发展学说在教育学上的重要意义

1. 确立了科学的人的发展观

全面发展学说把人的发展历史归结为生产方式发展的历史，确定了“人怎样表现自己的生活，他们自己也就怎样”的科学发展观，从而在人的发展问题上提供了一种全新的方法论的指导。

2. 指明了人的全面发展的历史必然性

全面发展学说所揭示的人的发展方向，是一种建立在生产发展普遍规律基础之上的自然历史过程。这种发展方向不仅符合人类的利益，而且符合历史发展的客观规律，它的合理性是与它的必然性相一致的。

3. 为我国教育目的的制定奠定了理论基础

题目：马克思主义关于人的全面发展的学说 **易考题型：**简答题、论述题

已考学校：14 华南 苏大 16 杭师 18 西华 苏大 江西 贵师 19 沈师 安师 江西科技师范大学 20 曲师

第三节 我国的教育目的

一、我国教育目的的基本精神（重点）

我国教育目的的基本精神在于：培养德、智、体、美全面发展的具有独立个性的社会主义现代化需要的各级各类人才。

（一）培养“劳动者”或“社会主义建设人才”

教育目的的这个规定，明确了我国教育的社会主义方向，也指出了我国教育培养出来的人的社会地位和社会价值，即教育所造就出来的人不是不劳而获的剥削者，也不是供剥削阶级驱使的工人、农民等，而是国家的主人，社会主义的劳动者、建设人才。我国是社会主义国家，劳动是每一个有劳动能力的公民的光荣职责。人们不论分担什么社会角色，都要为社会劳动，这既是个人谋生的手段，也是个人为人民做贡献的形式。

（二）坚持全面发展

受教育者的全面发展，可以从分类和分层两个角度来理解。从分类的角度看，包括生理和心理两方面的发展。生理方面的发展主要指受教育者身体的发育、机能的成熟和体力、体质的增强；心理方面的发展主要指受教育者的德、智、体、美几方面的发展。从分层的角度看，人的全面发展是一个多层次的发展所构成的立体结构。如根据人的现实生活所要处理的关系，人的全面发展主要包括三个层面的能力的发展，即处理与自然关系的能力、与社会关系的能力和与自我关系的能力。如果人的发展在这三个层面都形成了健全的能力，那么，这个人的发展就是全面发展。

（三）培养独立个性

培养受教育者的独立个性，是马克思关于人的全面发展学说的基本内涵和根本目的。追求人的个性发展，就是要使受教育者的自由个性得到保护、尊重和发展，要增强受教育者的主体意识、开拓精神、创造才能，要提高受教育者的个人价值。

题目：我国教育目的的基本精神　**易考题型：**简答题、论述题

已考学校：10/16 西南 11 天师 西北 华中 华南 12 北师 河南 江西师大 13 浙师 东师 重师 东北 14 南师 扬大 15 天大 16 浙师 吉师 温大 17 河北师大 闽南 聊大 18 天师 安师 福师 河南师大 19 川师 华南 江苏大学 大理 20 重师

二、我国教育目的的实现（重点）

（一）普通中小学的性质与任务

普通中小学教育的性质是基础教育；它的任务是培养全体学生的基本素质，为他们学习做人和进一步接受专业（职业）教育打好基础，为提高民族素质打好基础。正确而深入地理解中小学教育的性质和任务，应该把握以下几个基本要点。

1. 为年青一代做人打好基础

普通中小学的教育对象是青少年儿童，他们正处在由社会意识薄弱的未成年人转化成为社会主义新人、接班人的重要时期。他们未来的生活道路广阔、前程远大，但是，他们必须在这一时期为走向生活做好准备。即要掌握科学文化基础知识和基本技能，发展思维能力和表达能力，形成良好的思想品德和高尚的审美情趣，具有健康的身体，有自学能力和自我完善能力，为成为社会主义的建设者和接班人打好基础。

2. 为年青一代在未来接受专业（职业）教育打好基础

新生一代的成长，总是先有一般发展而后才能有专业（职业）发展，先成人然后才能成才。因此，普通中小学教育首先要注重促进年青一代的一般发展，以便为他们进一步接受专业（职业）教育打好基础。不过，由于不是所有的初中学生都能进入高中学习，也不是所有高中生都能上大学。因此，在中学教育阶段应该有相应合理的职业训练的比重。

3. 为提高民族素质打好基础

普通中小学，特别是义务教育，它为学生做人和接受专业（职业）教育打好基础，因此，义务教育普及的程度和质量的高低，直接关系到民族素质的建构与提高。近几十年来，面对新技术革命的发展和全球经济竞争的日益激烈，世界各国不仅重视高级人才的培养，而且尤其重视国民素质的提高，将基础教育当作人力资源开发和国家富强的根基。

题目：普通中小学的性质与任务　**易考题型：**简答题、论述题

已考学校：12 天师 17 河北大学 19 温大 内师 广东技术师范

（二）普通中小学教育的组成部分（重点）【简答题、论述题】

普通中小学教育包括德育、智育、体育、美育和综合实践活动等组成部分。

1. 德育（第十章的内容也可作答）

德育是引导学生领悟社会主义思想观点和道德规范，组织和指导学生的道德实践，培养

学生社会主义品德的教育。它集中体现了我国教育的价值取向和社会政治性质，对学生的全面发展起着定向和动力的作用。所以，德育在全面发展教育的重要组成部分中，处于引领的地位。

普通中学在德育方面的要求主要是：

（1）教育学生初步了解马克思主义的基本观点；

（2）引导学生逐步树立把我国建设成为富强、民主、文明的现代化国家的理想，养成为民族振兴、国家富强、人民富强而艰苦创业的献身精神和实事求是、追求真理、独立思考、勇于开拓的科学精神，形成社会主义核心价值观；

（3）帮助学生逐步提高主体意识、群体意识、公民意识、民主意识、进取意识、自律意识和对改革开放的心理承受能力、应变能力。

2. 智育

智育是授予学生系统的科学文化知识、技能和发展他们智力的教育。它能够帮助学生认识自然规律、社会规律，提高分析和解决问题的能力，掌握从事社会主义现代化建设和各种社会工作的实际本领。所以，智育也是全面发展教育的重要组成部分。

普通中学在智育方面的要求主要是：帮助学生在小学教育的基础上进一步系统地学习科学文化基础知识，掌握相应的基本技能和技巧，拓宽文化视野，发展思维能力、想象能力和创造能力，养成良好的自学能力、兴趣和习惯。

3. 体育

体育是授予学生健身知识、技能，发展学生体力，增强学生体质的教育。体力和体质的发展非常重要，是人的个性全面发展的生理基础。人们进行生产劳动、社会活动、军事活动和幸福生活都需要强健的体魄作基础。所以，体育是全面发展教育的重要组成部分。

普通中学在体育方面的要求主要是：向学生传授基本的运动知识、技能，培养他们锻炼身体和讲究卫生的良好习惯，促进他们身体的正常发育和机能的成熟，增强他们的活动能力和身体素质。

4. 美育【20 温州】

美育是培养学生正确的审美观，发展他们鉴赏美、创造美的能力，培养他们的高尚情操和文明素质的教育。它在净化学生心灵，激发学生热爱和追求美好生活，促进学生全面发展上具有重要作用。所以，美育是全面发展教育的一个不可缺少的重要组成部分。但美育在今天依然没有引起人们足够的重视，应当设法改进。

普通中学在美育方面的要求主要是：通过音乐、美术、文学教育和其他各种审美活动，充实学生的精神生活，让他们掌握些艺术活动如绘画、唱歌、舞蹈、演奏的基本技能，培养学生感受美、欣赏美和创造美的能力，养成生气勃勃、乐观进取的审美情趣和高尚情操。

5. 综合实践活动

综合实践活动是在教师引导下，密切联系学生自身生活和社会实际，让学生自主进行综合实践活动，包括研究性学习、社区服务、社会实践、劳动技术和信息技术等活动，积累解决实际问题的经验，提高综合应用知识于实践的能力教育。因此，综合实践活动同样是全面发展教育的重要组成部分。

普通中小学开展综合实践活动的要求主要是：积累经验，组织并指导学生形成对自然、社会、自我的正确认识，以及对生活和工作的正确理解、正确态度和责任感，养成学生积极进取、分享、合作等的良好品质，发展学生的创新精神与实践能力。

它们之间的关系：

上述教育的五个组成部分，既各有特点、规律和功能，是相对独立、缺一不可的；同时，又相互联系、相互制约、相互渗透，在实践中组成统一的教育过程。德育对其他各育起着保证方向和动力的作用；智育为其他各育提供了认识基础；体育是实施其他各育的机体保证；美育与综合实践活动是德、智、体的具体运用与实施。因此，我们必须考虑到人的发展的全面性和整体性，坚持五育并举，处理好它们之间的关系，使其相辅相成，发挥其整体功能。

▲全面发展教育（重点）【12 沈阳师大 16 广东技术 17 天津职业 19 杭师 新疆师大 湖北大学 20 淮北师范】

是指教育者根据社会的政治经济需要和人的身心发展的规律和特点，有目的、有计划、有组织地对受教育者实施的旨在促进人的素质结构全面、和谐、充分发展的系统教育。是对含有各方面素质培养功能的整体教育的一种概括，是对为使受教育者多方面得到发展而实施的多种素质培养的教育活动的总称，是由多种相互联系而又各具特点的教育所组成的。全面发展的教育由德育、智育、体育、美育、综合实践活动五个部分组成。

1. 题目：普通中小学教育的组成部分　**易考题型：**简答题、论述题

已考学校：10 渤海大学 10/12 东北师大 11 沈师 苏州 13 西北师大 14 山西大学 西南师大 15 重师 16 江西师大 安师 18 西华 河北师大

2. 题目：智育　**易考题型：**名词解释

已考学校：11 华中 15 首师 哈师 18 浙大 20 集美

3. 题目：德育　**易考题型：**名词解释

已考学校：17 华南

4. 题目：体育　**易考题型：**名词解释

已考学校：13 华中 哈师

5. 题目：美育　**易考题型：**名词解释

已考学校：10/14 东北师大 11 哈师 12 湖北大学 12/13/17 安师 14 山西师大 14 闽南 12 内师 16 深大 内师 杭师 西南 17 华中 郑州大学 18 浙大 19 宝鸡文理 20 湖南理工 温州大学

6. 题目：综合实践活动 **易考题型：**名词解释、简答题

已考学校：13 徐师 16 福师 17 深大 18 西北 19 江西师大 宝鸡文理 云师

【常考超纲知识点汇总】

一、教育目的的层次结构【17 江苏师大 18/19 广西师范学院 20 中国海洋】

一是教育总目的：即代表国家或社会对受教育者提出的总的要求，它是各级各类学校所要遵循和实现的总要求，是人才培养最根本的质量规格。

二是各级各类学校的培养目标：即在总目的的指导下，依据学校的层次、性质、人才培养的具体质量规格的不同，形成不同学校的不同培养目标。如我国的小学、中学、大专、中职和大学，都有各自不同的培养目标，这也是教育的总目的在不同层次类别学校的反映。

三是课程目标：即课程方案设置的各个教学科目，如语文、数学、外语、历史、地理、物理、化学等课程所规定的教学应达到的要求或标准。这个层次的目标是各级各类学校培养目标的具体化，通过课程目标的实现来完成培养目标。因此，实现课程目标是实现人才培养目标的基本保证。

四是教学目标：是指教师在实施课程计划过程中，在完成某一个阶段（如一节课、一个单元或一个学期）的教学工作时所期望达到的要求或结果。这个层次的目标是课程目标在教学过程中的具体体现，实现教学目标是实现课程目标的保障。教学目标是教育目的和培养目标在教学活动中的进一步具体化。教学目标日积月累得以实现，就会渐次达到培养目标，进而达到教育目的。

二、简述全面发展与个性发展的关系【18 重师 20 广东技术师范】

人的全面发展是指人的各种基本素质和能力得到尽可能多方面的发展。个性发展是一个人在思想、性格、品质、意志、情感、态度等方面不同于其他人的特质，是个人内在潜力的张扬。全面发展与个性发展是一种辩证统一的关系。

首先，从逻辑上看，全面发展和个性发展不是对立的。全面发展在本质上反映的是人的发展在德、智、体、美等基本面上的相对完整性和和谐性，其对立面是片面发展。而个性发展是个体在需求、生活习惯、性格、能力、爱好、兴趣等方面形成的不同于他人的稳定的特殊性，其对立面是共性。

其次，全面发展是个性发展的基础和前提，而没有个性发展，全面发展也难以实现。个性发展是建立在德、智、体、美等各方面都达到国家基本标准的基础之上的选择性发展，而个性发展是全面发展的进一步深化和特长化，这又反过来促进人的身心和谐全面发展。

总之，人的全面发展实质是追求基本素质的全面发展，个性发展是在基本素质全面发展的基础上实现爱好和特长的和谐发展。全面发展和个性发展是辩证的统一体，个性发展不背离全面发展，只有正确认识和处理全面发展和个性发展的关系，才能在教育的实践中真正培养出全面发展且保持个性的人才。

三、教育方针【12 陕师 15 海师 20 杭师】

教育方针是国家或政党在一定历史阶段提出的有关教育工作的总方向和总指针，是教育基本政策的总概括。它是确定教育事业发展方向，指导整个教育事业发展的战略原则和行动纲领。内容包括教育的性质、地位、目的和基本途径等。不同历史时期有不同的教育方针；相同的历史时期因需要强调某方面，教育方针的表述也会有所不同。

我国现行的教育方针是教育必须为社会主义现代化建设服务，必须与生产劳动相结合，培养德、智、体等全面发展的社会主义事业的建设者和接班人。

四、培养目标（重点）【12 广西 16 东师】【名词解释】

根据各级各类学校的任务对所培养的人的特殊要求，习惯上称为“培养目标”。它是由特定的社会领域和特定的社会层次需要决定的，各级各类学校要完成各自的教育任务，必须制定各自的培养目标。教育目的是制定培养目标的依据，培养目标体现了培养人的层次性和具体规定性。

五、素质教育（重点）【17 延大】

素质教育是依据人的发展和社会发展的实际需要，以全面提高全体学生的基本素质为根本目的，以尊重学生的主体性和主动精神，注重开发人的智慧潜能，形成人的健全个性为根本特征的教育。

素质教育的内涵：（1）素质教育是面向全体学生的教育；（2）素质教育是促进学生全面发展的教育；（3）素质教育是促进学生个性发展的教育；（4）素质教育是以培养创新精神和实践能力为重点的教育。

六、应试教育 VS 素质教育

	应试教育	素质教育
目的	高分和选拔	提高全民素质，追求教育的长远利益与目标
对象	重视高分生	面向全体学生，尊重每一个学生
内容	仅仅围绕考试和升学	全面提高学生素质，教以适合学生发展和社会发展需要的内容
方法	题海战术，“填鸭”式	启发诱导，因材施教

第六章　教育制度

复习提示

在现代社会，一个国家要有效地发展教育事业，培养所需的各级各类人才，就必须建立相应的教育机构，建立能够发挥各种教育机构整体功能的教育制度。本章节我们就一起来认识教育制度，知道它的含义和特点；了解制约教育制度的社会因素；清楚明了教育制度的历史发展。特别是现代学校教育制度，它的形成是与现代学校的产生与发展联系在一起的，不仅要知道它是怎么形成的，还要知道现代学校教育制度的类型与变革。

知识框架

- 教育制度
  - 教育制度概述
    - 含义
    - 特点
      - 客观性
      - 规范性
      - 历史性
      - 强制性
    - 教育制度的历史发展
    - 学制制定的依据
  - 现代学校教育制度
    - 学校教育制度的概念、要素和类型
    - 现代学校教育制度的变革
      - 双轨学制
      - 单轨学制
      - 分支型学制
  - 我国现行学校教育制度
    - 我国教育制度的演变
    - 我国现行学校教育制度的形态
    - 我国现行学校教育制度的改革
      - 基本普及学前教育
      - 均衡发展义务教育
      - 努力普及高中阶段教育
      - 大力发展高等教育

第一节　教育制度概述

一、教育制度的含义和特点（重点）

（一）含义

所谓教育制度，是指一个国家各级各类实施教育的机构体系及其组织运行的规则。它包括相互联系的两个基本方面：一是各级各类教育机构与组织；二是教育机构与组织赖以存在和运行的规则，如各种相关的教育法律、规则、条例等。

广义的教育制度是国民教育制度，是一个国家为实现其国民教育目的，从组织系统上建立起来的一切教育设施和有关规章制度的总和。狭义的教育制度是指学校教育制度，是一个国家各级各类学校的总体系。

题目：教育制度　**易考题型：**名词解释

已考学校：10 沈师　11 徐师　华南 12 华东　江西师大 13 扬大　沈师　内师　西北 14 华中　西北 15 江西师大　内师　天大 16 陕师　福师　上师　辽师　江苏师大　曲师 17 曲师　扬大　川师 18 广东技术师范　上师　湖北大学　西北师大 19 陕师　川师　上师　内师大　西华师大　湖北大学　深圳大学　渤海　江西科技师范 20 吉师

（二）特点【11 北航 17 福师】【简答题】

1. 客观性

教育制度作为一种制度化的东西，自然不是从来就有的，而是一定时代的人们根据自己的需要制定的。某种教育制度的制定或废止，有它的客观基础和发展的规律性。这个客观基础和规律性主要是由社会生产力发展水平和人的发展水平所决定的。

2. 规范性

这种规范性，主要表现在入学条件即受教育权的限定和各级各类学校培养目标的确定上。在阶级社会中，教育制度的规范性主要表现为阶级性，即教育制度总是体现着某一阶级的价值取向，总是为某一阶级的利益服务。

3. 历史性

教育制度既是对客观现实的反映，又是一种价值性的选择和体现，而它的具体内容又是随着社会的变化而变化的，在不同的社会历史时期和不同的文化背景下，就会有不同的教育需要，因此就要建立不同的教育制度。教育制度是随着时代和文化背景的变化而不断创新的。

4. 强制性

教育制度作为教育机构系统的制度，是先于个体而存在的。它独立于个体之外，对个体的行为具有一定的强制作用。只要是制度，在没有被废除之前，都不管个体的好恶，都要求个体无条件地适应和遵守。

【背诵口诀】"可贵的励志"

分别对应：客观性、规范性、历史性、强制性。

二、教育制度的历史发展（选看）

1. 在原始社会，社会处于混沌的未分化状态，教育还没有从社会生产和社会生活中分离出来，没有产生专门的教育，因而也就不可能有教育制度。

2. 在古代阶级社会之初，由于社会的分化，教育从此时起也从社会生产和社会生活中分离出来，于是就产生了古代学校，后来还出现了简单的学校系统，因而产生了古代教育制度。由于古代学校只培养少量的剥削统治人才，不培养广大的生产劳动者，具有脱离生产和脱离劳动人民的性质，决定了其教育内容反映科学和技术的很少，从而决定了古代教育制度的简略性、非群众性和不完善性。

3. 现代教育制度是随着现代学校的发展、分化和扩充而发展起来的。现代学校不但培养政治统治人才和管理人才，更重要的是它还培养大量科学技术人才、文化教育人才、经济管理人才和众多的有文化的生产工作者。就是说，现代教育制度不但有阶级性和等级性，而且有生产性和科学性，它要为生产服务，与生产劳动相结合。这就决定了现代学校规模上的群众性和普及性，结构上的多类型和多层次的特点。

4. 教育制度在当代还在不断地发展。它已发展为当代的以现代学校教育系统为主体，包括幼儿教育系统、校外儿童教育系统和成人教育系统的庞大体系，它的发展方向是终身教育。

5. 终身教育是人一生各阶段当中所受各种教育的总和，也是人所受的不同类型教育的综合。前者从纵向上讲，说明终身教育不仅仅是青少年的教育，而且涵盖了人的一生；后者从横向上讲，说明终身教育既包括正式教育也包括非正式教育。

三、学制制定的依据（重点）【12 西北 15 陕师 18 中央民族】【简答题】

学制是社会历史发展的产物，它受社会各方面因素的影响和制约，它的产生、变化和发展都是由这些因素决定的，具体因素如下。

（一）社会依据

1. 学制的建立，首先依据生产力发展水平。在奴隶社会和封建社会，生产力水平低，自然科学不发达，不可能出现技术和专业学校。到了资本主义时代，大工业机器生产的发展，普及义务教育制度的建立，才出现了现代学校体系。

2. 依据社会政治经济制度。学制是社会发展到一定历史阶段的产物，反映一定社会政治经济要求，并为其统治阶级利益服务。因此，学制在专业设置、入学条件和教育目的等方面的确立，必然受到一定社会政治经济制度的制约。

3. 学制的建立还受文化传统所制约。教育活动是在一定的社会文化背景下进行的，不同的民族传统与文化传统都会对其产生影响。

4. 要考虑到人口状况。教育的对象是人，教育事业的发展、教育发展规划的制度等都是与人口问题密切联系的，学制的建立同样要考虑到人口问题。

5. 依据本国学制的历史发展和参照国外学制经验。每个国家的学制都有自己形成和发展的过程，建立学制时，要吸收原有学制中有用的部分，适合自己的民族传统和文化传统，同时也要参照和吸收外国学制中有益的经验。

（二）人的依据

学制的建立，要依据青少年儿童的身心发展特点及年龄特征，确定入学年龄、修业年限、各级各类学校的分段，适应他们的智力和体力等的发展水平。

第二节　现代学校教育制度（重点）【14 华东】【名词解释】

一、学校教育制度的概念、要素和类型（重点）

（一）学制的概念

学校教育制度简称学制，指的是一个国家各级各类学校的系统及其管理规则，它规定了各级各类学校的性质、任务、入学条件、修业年限以及它们之间的关系。现代教育制度的核心部分是学校教育制度。

（二）学制的要素

学制构成的基本要素，即学制构成内容的向度。一般来说，它是由三个基本要素构成的，即学校的类型、学校的级别、学校的结构。

1. 学校的类型，即学校实施哪种性质的教育。由于划分的标准不同，学校的类型也就不一样。

2. 学校的级别是指学校的层次水平，即学校在学制系统中所处的阶段以及在同类性质的学校中所处的地位。

3. 学校的结构决定了学校的类别，反映了学校之间的交叉、衔接、比例等关系。

题目：学校教育制度　**易考题型：**名词解释

已考学校：10 浙师 11 华中 天师 西南 河南师大 12 陕师 苏大 河南师大 13 天大 14 陕师 江苏师大 江西师大 内师 15 苏大 海南 西外 南师 江西 16 内师 东师 集美 17 辽师 河南 福师 云师 安师 苏大 海南 18 华东 华中 西华 鲁东 佛山科技大学 哈师 杭师 河南师大 19 北师 山大 吉林师大 沈师大 华南 江西师大 西南民族 广西民族 青岛 20 云南 陕师 杭师 西华 湖北大学 江苏大学

（三）学制的类型

现代学校教育制度在发展过程中逐渐形成了三种类型：一是双轨学制；二是单轨学制；三

是分支型学制。原来的西欧学制属双轨学制，美国学制属单轨学制，苏联学制则是分支型学制。

1. 双轨学制

双轨制主要存在于欧洲国家，如英国、德国和法国。是19–20世纪古代等级特权在学制发展过程中的遗留结果。是由主要的资本主义国家分别为贵族资产阶级子女和劳动人民子女而分别设立的，筛选严格、差距悬殊、互相分离、互不沟通的两个学校系统。英国是双轨制的典型代表。

结构及特点：

（1）一轨是自上而下，为资产阶级子女设立的。结构分为：大学（后来也包括其他高等学校）、中学（包括中学预备班）。

特点：收费昂贵、设施和师资优良，旨在培养各种高级人才。学校多从古代学校发展而来，各方面条件都比较优越，学术性强且水平高，是具有等级性和学术性的一轨。

（2）另一轨自下而上，为劳动人民的子女设立的。结构是：小学（后来是小学和初中）、职业学校（先是与小学相连的初等职业教育，后发展为和初中联结的中等职业教育）。

特点：办学条件差，质量差，旨在培养掌握一定知识技术的服从统治的劳动者。学习从事劳动生产的技术，属于生产性的一轨。

2. 单轨学制

单轨制是19世纪末20世纪初在美国形成的一种学制，其特征是所有学生在同样的学校系统中学习，自下而上的结构是：小学、中学而后可升入大学，各级各类学校相互衔接。特点是一个系列、多种分段。它相对于双轨制而言是一种进步，有利于教育的普及，有利于提高全体国民素质。

3. 分支型学制（Y型学制）

分支型学制是在苏联发展形成的学制，不同于欧洲的双轨制，因为它一开始并不分支，而且职业学校的毕业生也有权利进入对口的高等学校学习。但它和美国单轨制也有区别，因为它进入中学阶段时又开始分叉，就是说，苏联型学制前段是单轨，后段分叉，是介于双轨制和单轨制之间的分支型学制。

结构和特点：一定程度的平等，灵活性大。苏联型学制的中学，上通（高等学校），下达（初等学校），左（中等专业学校）右（中等职业技术学校）。这是苏联型学制的特点和优点。既有上下级学校间的相互衔接，又有职业技术学校横向的相互联系，形成了立体式的学制。

优点：在教育起点上是公平的，从中等教育开始实行多轨制之间相互联通。既有利于教育的普及，又使学术型保持较高水平。

缺点：由于课时多、课程复杂，教学计划、大纲和教科书必须统一，进而使教学不够灵活。

【背诵口诀】学制的类型：

双轨两路上下分，欧洲英国为典型；单轨一路走到底，美国大佬真牛皮；分支结合单双轨，苏联中国有智慧。

1. **题目：** 现代学校教育制度的类型有哪些 **易考题型：** 简答题

已考学校： 16 青岛大学 17 广西师范

2. **题目：** 双轨学制 **易考题型：** 名词解释

已考学校： 10 华东 12 云师 13 苏大 16 华东 17 北师 18 西外 民族 广西师范 广州大学 淮北 19 安师 广西师范学院

3. **题目：** 单轨学制 **易考题型：** 名词解释

已考学校： 宁波大学 20 温州大学

4. **题目：** 分支型学制 **易考题型：** 名词解释

已考学校： 13 华东 17 西北

二、现代学校教育制度的变革（重点）

（一）从学校系统分析，双轨学制在向分支型学制和单轨学制方向发展

从发展过程可以得出两点结论：第一，义务教育延长到哪里，双轨学制并轨就要并到哪里，单轨学制是机会均等的普及教育的好形式；第二，综合中学是双轨学制并轨的一种理想形式，因而综合中学化就成了现代中等教育发展的一种趋势。

（二）从学校阶段来看，每个阶段都发生了重大变化

1. 幼儿教育阶段

在当代，很多国家都把幼儿教育列入学制系统。与此相关，幼儿教育机构也发生了重要变化：一是幼儿教育的结束期有提前的趋势；二是加强小学和幼儿教育的连接。

2. 小学教育阶段

第一，小学已无初、高级之分；第二，小学入学年龄提前到 6 岁甚至 5 岁；第三，小学年限缩短到 5 年（法国）、4 年（德国）甚至 3 年（20 世纪 70—80 年代的苏联）；第四，小学和初中直接衔接，取消了升入初中的入学考试。

3. 初中教育阶段

一是初中学制延长；二是把初中阶段看作普通教育的中间阶段，中间学校即由此而来；三是不把初中阶段看作中学的初级阶段，而是把它和小学衔接起来，统一进行文化科学基础知识教育。

4. 高中教育阶段

高中阶段学制的多种类型，即高中阶段教育结构的多样化，乃是现代学制的一个重要特点。可以预料，随着普及教育达到高中阶段，中小学学制的三种类型将会被单轨学制一种类型所统一。

5. 职业教育阶段

职业教育在发达国家基本上都是在高中和大学阶段进行的。从总体上看，职业教育在当代有两个突出特征：一是对文化科学技术基础的要求越来越高；二是职业教育的层次和类型

的多样化。

6. 高等教育阶段

一是多层次，过去主要是本科一个层次，而现在则有多个层次：专科、本科、研究生；二是多类型，现代高等学校的院校、科系、专业类型繁多，有的注重学术性，有的侧重专业性，有的偏重职业性。高等学校与社会、生产、科学技术、社会生活各方面的联系越来越密切。

题目：现代学校教育制度的变革 **易考题型：**简答题
已考学校：11 川师 15 三峡 15/19 南师 16 苏大 17 天津大学 19 石河子 20 曲师 苏大

第三节 我国现行学校教育制度

一、我国教育制度的演变（了解）【11 首师】

我国学制的建立是从清末开始的。1840 年鸦片战争后，帝国主义列强的疯狂侵略和国内资本主义势力的兴起，迫使清政府不得不采取“废科举，兴学校”措施，改革教育，制定了现代学制。

1902 年，清政府颁布了《钦定学堂章程》，亦称“壬寅学制”，这是我国正式颁布的第一个现代学制，这个学制未及实施。【17 温大 19 贵师 20 重师】

1904 年又颁布了《奏定学堂章程》，亦称“癸卯学制”，这是我国正式实施的第一个现代学制。这个学制的指导思想是“中学为体，西学为用”。其突出特点是教育年限长，总共 26 年。【17 北师 山西大学 18 山西大学 东师 河南师大 内师 19 集美 20 山西师范】（也可参见中教史上面的内容）

1922 年颁布了壬戌学制，即通称的“六三三制”。这个学制受美国实用主义教育的影响，强调适应社会进化的需要，发扬平民教育精神，谋求个性之发展，注重生活教育。在学校系统上，将全部学校教育分为 3 段 5 级。

1949 年中华人民共和国成立。中央人民政府政务院于 1951 年颁布了《关于改革学制的决定》，明确规定了中华人民共和国的新学制，这是我国学制发展的一个新阶段。首先，这个学制吸收了解放区的经验中 1922 年学制和苏联学制的合理因素，发扬了我国单轨学制的传统，使各级各类学校互相衔接，保证了劳动人民子女受教育的平等权利；其次，职业教育在新学制中占有重要地位；最后，重视工农干部的速成教育和工农群众的业余教育。

1958 年，中共中央和国务院发布了《关于教育工作的指示》，明确指出现行的学制是需要积极地、妥当地加以改革的。由于“左”的影响，急躁冒进、盲目发展，不仅使学制改革的试验无法在正常的教学秩序下进行，而且使一大批新创办的各级各类学校，也因师资、设备跟不上，难以维持。“文化大革命”提出了“学制要缩短”“教育要革命”等口号，对

我国的学制和教育事业造成了严重破坏。【18 江苏大学】

1976 年粉碎“四人帮”后，特别是十一届三中全会以来，我国迅速结束了十年浩劫所造成的教育上的混乱局面，着手重建和发展被破坏了的学制系统：延长了中学的学习年限；恢复和重建了中专和技校，创办了职业高中；恢复了高等学校专科和本科的两个层次，扩大了高等专科学校；恢复和重建了很多院校、科系和专业；建立了学位制度和完善了研究生教育制度；恢复和重建了各级各类成人教育机构等。这使我国学制逐步向合理和完善的方向发展，各级各类学校形成了一个完整的系统。

二、我国现行学校教育制度的形态（了解）

经过一个世纪的发展，我国已经建立了一个比较完整的学制，这个学制在 1995 年颁布的《中华人民共和国教育法》里得到了确认，它包括以下几个层次的教育。

学前教育（幼儿园）：招收 3 ~ 7 岁的幼儿。

初等教育：主要指全日制小学教育，招收六七岁儿童入学。学制为 5 ~ 6 年。在成人教育方面，是成人业余初等教育。

中等教育：指全日制普通中学、各类中等职业学校和业余中学。全日制中学修业年限为 6 年，初中 3 年、高中 3 年。职业高中 2 ~ 3 年，中等专业学校 3 ~ 4 年，技工学校 2 ~ 3 年。属成人教育的各类业余中学，修业年限适当延长。

高等教育：指全日制大学、专门学院、专科学校、研究生院和各种形式的业余大学。高等学校招收高中毕业生和同等学力者。专科学校修业年限为 2 ~ 3 年。大学和专门学院为 4 ~ 5 年，毕业考试合格者，授予学士学位。业余大学修业年限适当延长，学完规定课程经考核达到全日制高等学校同类专业水平者，承认学历，享受同等待遇。条件较好的大学、专门学院和科学研究机关设立研究生教育机构。硕士研究生修业年限为 2 ~ 3 年，招收获学士学位者和同等学力者，完成学业授予硕士学位。博士研究生修业年限为 3 年，招收获硕士学位者和同等学力者，完成学业授予博士学位。在职研究生修业年限适当延长，完成学业者也可获相应学位。

三、我国现行学校教育制度的改革（重点）

（一）基本普及学前教育

现代学前教育的发展十分迅速。发达国家学前教育有结束期提前、由高班到低班逐步普及、使学前教育与小学低年级教育加强联系和衔接的趋势。近年来我国学前教育发展较快，也显现出上述趋势，但应注意我国国情，要量力而行。因为发达国家都是在普及小学、初中甚至高中后，学前教育才由高班向低班逐级普及的，更不宜急于把学前教育都缩短至 6 岁，这涉及社会经济、文化发展等复杂问题。

（二）均衡发展义务教育

义务教育是国家统一实施的所有适龄儿童、少年必须接受的教育，是国家必须予以保障的公益性事业。它对于个人的发展、教育发展和社会发展都具有重大意义。《中华人民共和国义务教育法》规定我国的义务教育年限为九年。经过各方面的努力，到2008年年底，我国不仅实现了义务教育的全面普及，而且实现了义务教育的全面免费，这是我国普及义务教育的伟大成就。

（三）努力普及高中阶段教育

在普及九年义务教育以后，普及高中阶段教育就成为教育发展的重要趋势。为了适应青少年的升学与就业的选择并满足社会的需要，高中阶段的学制应该多样化，即应有普通高中、职业高中、中等专业学校和技工学校等不同类型的学校供学生选择；应当扩大普通高中在高中阶段所占的比例，以满足我国高等学校不断扩大招生的需要；九年义务教育后的职业教育则应当多样化，使未能升入高中的学生可以选择接受就业前的各种职业培训。这样就弥补了我国过去学制在这个阶段的缺陷，使它得到完善。

（四）大力发展高等教育

近几十年来，世界各发达国家的高等教育的发展十分迅速，日益开放和大众化。我国高等教育近年来也出现了这种趋势。高等教育开放和大众化的主要特点是：开放大学，特别是短期大学和社区学院越来越多。

高等教育的变化主要有三方面：一是高等教育的多层次（如大专、本科、硕士和博士研究生多个层次）；二是高等教育的多类型（如理、工、农、医、管理等多种院校、科系和专业）；三是高等教育向在职人员开放，主要是通过函授教育、广播电视教育、网络教育和自学考试等形式，使在职人员有机会进修高等教育学校的课程。

题目：我国现行学校教育制度的改革　**易考题型：**简答题、论述题

已考学校：10重师　湖北大学 11首师　河北师大 12青岛大学 12/13福师 14川师 15南师　东北师大　陕师 17山西师大　天大 19聊城

第七章　课程

复习提示

课程是教育学中一个非常重要的问题，应对其给予高度的重视。首先要清晰把握以下概念的问题与外延：课程、教学科目、课程标准、课程方案、教科书、泰勒的课程编制原理等；其次要熟练掌握课程设计；最后，关于课程的问题，一直都争论不休，世界各国也都进行了课程改革，希望课程能够不断地完善。我国也进行了基础教育课程改革，要掌握世界各国课程改革发展的趋势和我国基础教育课程改革。

知识框架

- 课程
  - 课程概述
    - 相关概念——课程、教学科目、课程标准、课程方案、教科书
    - 课程的基本问题
      - 课程理论的发展
        - 斯宾塞的知识价值论
        - 杜威的经验课程
        - 博比特的活动分析法
        - 泰勒的目标模式
      - 课程发展上论争的几个问题
        - 学科课程与活动课程
        - 课程的一元化与多样化
        - 普通教育课程与职业技术教育课程
        - 分科课程与综合课程
  - 课程设计
    - 课程目标的设计
    - 课程内容的设计
  - 课程改革
    - 世界各国课程改革发展的趋势
    - 我国基础教育课程改革
    - 新课程的基本理念
    - 我国中小学的课程设置
  - 课程评价
    - 概念
    - 主要的课程评价的模式
      - 目标达成模式
      - 目标游离模式
      - 应客评价模式
      - 差距评价模式
      - CIPP 评价模式
      - 鉴赏评价模式

第一节　课程概述

一、课程及其相关概念（重点）

（一）课程

课程是由一定的育人目标、特定的知识经验和预期的学习活动方式构成的一种动态的教育存在。从育人目标的角度看，课程是一种培养人的蓝图；从课程内容的角度看，课程是一种适合学生身心发展规律的、连接学生直接经验和间接经验的、引导学生个性全面发展的知识体系及其获取的路径。广义的课程是指学校为实现培养目标而选择的教育内容及其进程的总和，它包括学校所教的各门学科和有目的有计划的教育活动。狭义的课程是指某一门具体学科。

题目：课程　**易考题型：**名词解释

已考学校：10 天师 11 陕师 12 哈师大 西北 江西 西南 13 西南 14 哈师 川师 内师 民大 15 苏大 18 山西师大 吉师 西外 贵师 沈师 新疆师大 12/19 华南 19 天师大 哈师大 北师 贵师大 海南师大 江西师大 渤海 20 扬大 重师 湖北 哈师

（二）教学科目【12 内师】【名词解释】

教学科目，是指根据一定的教学目标，从某一门学科中选择出基本事实、概念与原理，并按照一定的逻辑、心理顺序重新组织构成新的知识体系。小学一般有语、数、英、音、美、体等，不同地方可能还有其他科目。这些东西就像砖头，给后来的建设奠定基础。初中一般会增加政治、历史、地理、生物、物理、化学。它们像设计图纸，给以后的人生定计划。高中的学科就会分必修和选修，这些好比开始建设。大学的就是专攻，好比建设后的装修。还有研究生教育等。

（三）课程标准

课程标准是课程计划中每门学科以纲要形式编写的有关学科教学内容的指导性文件，是课程计划的分学科展开。它规定了学科的教学目标、任务，知识的范围、深度和结，教学进度以及有关教学方法的基本要求。

课程标准在贯彻与落实课程方案中具有重要的意义，一方面，它不仅是教材编制的基本依据，而且是编好教材的前提和不可或缺的一个环节；另一方面，它也是教师领悟与掌握一门课程的精神实质与学科体系，深入理解教材，正确进行教学设计（备课）的有效工具。

题目： 课程标准　**易考题型：** 名词解释

已考学校： 11 华中 西北 沈师 广西 福师 12 江西 内师 东师 13 天大 天师 哈师 重师 安师 广西 西北 14 上师 西南 沈师 西北 辽师 杭师 扬大 15 西北 南师 青岛大学 16 哈师 福师 17 陕师 上师 重师 18 天师 温大 华东 聊城 安师 渤海大学 19 扬大 辽师 川师 沈师大 青岛 20 上师 海南师范 鲁东 中国海洋

（四）课程方案

课程方案也称教学计划和课程计划，是指教育机构或学校为了实现教育目的而制定的有关课程设置的文件。普通小学与中学的课程方案，是指在国家教育目的与方针的指导下，为实现各级基础教育的目标，由国家教育主管部门制定的有关课程设置、顺序、学时分配以及课程管理等方面的政策性文件。

课程方案主要由学校的培养目标、课程设置以及学年编制等部分所构成。首先，它必须对学校的培养目标做出明确规定，这是课程设置的依据。其次，它要对课程设置做出规定，确定课程设置的原则，这是课程方案的主要部分。最后，课程方案还要对学年编制做出科学而合理的安排，规定每学年（含学期）上课的周数；复习考试的周数等。

题目： 课程方案　**易考题型：** 名词解释

已考学校： 10 聊大 13 华东 15 福师大 上师大 扬大 16 沈师大 18 内师 19 温大 江苏师大 20 福师 广东技术师范

（五）教科书

教科书亦称课本，它是依据课程标准编制的教学规范用书，是以准确的语言和鲜明的图表，明晰而系统地按教学科目分别编写的教学规范知识。教科书一般由目录、课文、习题、附录等部分构成。教科书是学生学习和获得系统基础知识的主要资源和工具，同时教科书也是教师进行教学的主要依据。

教科书编写的原则：（1）根据本学科的特点，体现科学性与思想性；（2）强调内容的基础性；（3）在保证科学性的前提下，教材还要考虑到我国社会发展现实水平和教育现状，必须注意到基本教材对大多数学生和大多数学校的实用性；（4）教科书的编写要同时兼顾科学知识的逻辑顺序和受教育者学习的心理顺序；（5）考虑各年级教材的衔接性。

题目： 教科书　**易考题型：** 名词解释

已考学校： 14 哈师 15 集美 17 华南 西华 18 陕师

二、课程的基本问题

（一）课程理论的发展（重点）

【背诵技巧】这个部分答案比较多，我们可以把人物著作背下来，下面的思想观点自己理解，考试用自己的话说出来也是可以的。

1. 斯宾塞的知识价值论【20福师】

第一个进入人们视野的真正课程问题，是由斯宾塞于1859年提出的“什么知识最有价值”的问题。这个问题，应该说是课程问题明确化的开端。斯宾塞认为：“在能够制定一个合理课程之前，必须确定最需要知道些什么东西……必须弄清楚各种知识的比较价值。”他强调“怎样去完满地生活？这个既是我们需要学的大事，也是教育中应当教的大事”。他讲究知识的价值，注重人的社会生活对于科学知识的需求，是非常有意义的；但是，他把课程仅仅看成是科学知识，则有所偏颇。

2. 杜威的经验课程

1902年，杜威发表的《儿童与课程》是影响深远的、现代课程理论的开创性著作。杜威主张:“抛弃把教材当作某些固定的和现成的东西，当作在儿童的经验之外的东西的见解，不再把儿童的经验当作一成不变的东西;而把它当作某些变化的、形成中的、有生命力的东西;我们认识到，儿童和课程仅仅是一个单一过程的两极。正如两点构成一条直线一样，儿童现在的观点以及构成各种科目的事实和真理，构成了教学。从儿童现在的经验进展到已有组织体系的真理，是继续改造的过程。”杜威用动态的知识观来阐释儿童现有的经验与课程之间的联系，这一儿童经验改组过程的观点值得肯定，但他并未明确解决课程设置的目的和要求，也未阐明课程与教学的联系与区别，致使课程与教材具有极大的不确定性，给教材的选编带来了难度，并严重地削弱了教材在教学中的作用。

3. 博比特的活动分析法

1918年，博比特出版《课程》一书，可以被看成教育史上第一本课程专著。他认为应当运用科学的方法来确定教育目标。为此，他对成人的社会生活做了大规模的调查，其结果将社会生活活动分为十大类，这十大类的活动便构成了教育的主要目标，并据此来确定教育应当使儿童获得的知识、技能、能力、态度与品行等方面的要求，作为课程的基础。这种方法叫“活动分析法”，为后来盛行的课程目标的确定提供了方法论基础。博比特的方法论注重社会生活发展的需要，有其积极的一面，但过于烦琐、具体，既忽视与排斥了社会教育总的价值取向与教育目的，也未突出儿童身心发展的特点及需求。

4. 泰勒的目标模式

1949年，泰勒出版了《课程与教学的基本原理》，该书被视为现代课程理论的奠基石。泰勒认为课程原理是围绕四个基本问题组成和运作的：学校应该达到哪些教育目标？提供哪些教育经验才能实现这些目标？怎样才能有效地组织这些教育经验？我们怎样才能确定这些目标的实现？泰勒所提的四个问题，实际上揭示了课程组成的四个部分，也明确了课程编制过程的四个步骤：确定目标、选择经验、组织实施、评价结果。他的课程原理系统、完整并且重点突出，其中，确定目标是主要而基础的一环。泰勒的课程原理被称为“目标模式”，对课程理论的发展有很大影响，至今仍在西方课程领域中占有重要地位。

题目：课程理论的发展　**易考题型：**简答题、论述题

已考学校：12 华东 15 华东 天师 徐师 19 陕师 西北师大 云师

（二）课程发展上论争的几个问题（重点）

1. 学科课程与活动课程

（1）学科课程：是指根据学校培养目标和科学发展，分门别类地从各门科学中选择适合学生年龄特征与发展水平的知识所组成的教学科目，亦称分科课程。

学科课程的特点是：

①重视成人生活的分析及其对儿童为适应未来社会生活需要所做准备的要求，有明确的目的与目标。

②能够按照人类整理的科学文化知识的逻辑系统，结合学生身心发展的特点，预先选定课程及内容、编制好教材，便于师生分科而循序渐进地进行教学。

③强调课程与教材的内在伦理精神价值和智能训练价值，对学生的发展有潜在的定向的质量要求。

【评价】

优点：①注重科学知识的逻辑性、系统性和完整性；②有助于学生学习和巩固基础知识；③学校容易组织教学和进行课程评价。

缺点：①由于分科过细，造成学科间的相互隔离，不利于学生从整体上认识外部世界，影响其利用所学知识解决实际问题的能力；②只关心学科的逻辑体系，容易在教学时脱离学生的生活实际和社会实践，忽视学生的兴趣和需要，不易调动学生的积极性和主动性；③科学不断分化，使学校课程门类越来越多，且各自强调自身体系的完整，容易加重学生的学习负担。

（2）活动课程：与学科课程相对立，它打破学科逻辑系统的界限，是以学生的兴趣、需要、经验和能力为基础，通过引导学生自己组织的有目的的活动系列而编制的课程。亦称经验课程，或儿童中心课程。

活动课程的特点是：

①重视儿童的兴趣、需要、能力和阅历，以及儿童在学习中的自我指导作用与内在动力。

②注重引导儿童从做中学，通过探究、交往、合作等活动使学生的经验得到改组与改造，智能与品德得到提高与养成。

③强调解决问题的动态活动的过程，注重教学活动过程的灵活性、综合性、形成性。

【评价】

优点：①尊重学生的兴趣、需要、生活、规律、年龄特点、心理逻辑；②与社会需要和实际生活相联系，有利于促进儿童学习的积极性；③具有实用性、开放性。

缺点：①忽视了教师的作用和地位，夸大儿童个人的经验，过于重视灵活性，缺乏规范性；②忽视了知识本身的系统性、逻辑性，影响系统知识的学习，导致教学质量的降低；③对教师要求过高，不易实施和落实。

（3）学科课程与活动课程的关系：

二者各有特点与不足，二者相互对立，相互补充，相辅相成。在课程设置与编制上，不可用一种课程理论去否定取代另一种课程理论。应根据不同需要及情况，发挥它们不同的特点与作用，取长补短，使其相辅相成、相得益彰，以发挥现代课程应有的最佳的整体功能。

2. 课程的一元化与多样化【12 北师】【简答题】

课程的一元化：主要是指课程的编制应当反映国家的根本利益、政治方向、核心价值，反映社会的主流文化、基本道德以及发展水平，体现国家的信仰、理想与意志。

课程的多样化：主要是指课程也应当广泛反映不同地区的不同经济社会发展的要求；反映不同民族、阶级、阶层、群体的不同文化、利益与需求，反映不同学生个人的个性发展的选择与诉求。简言之，要反映各方面的多样化需求。

【评价】在我国，坚持基础教育课程的一元化方向，体现了国家对青少年学生的基本要求，是贯彻教育目的与方针的重要举措，是提高教育质量的基本保障。但是，我们今天也不能一味只讲课程的一元化，而否定或排斥课程的多样化，要认识到课程的多样化也至关重要。当然，也不能盲目追求多样化，一味照顾各方面的局部利益，那样不但会造成课程的繁杂，加重学生的课业负担，而且会削弱教育的正确政治方向，严重影响教学的质量。

3. 普通教育课程与职业技术教育课程（了解）

普通教育课程：中小学教育是基础教育，要对青少年实施普通文化科学基础知识教育，为提高国民素质打好基础，为接受专、职业教育和进行终身教育打好基础。我国目前实施的是九年义务教育，适龄的青少年儿童人人都可以受到九年的普通基础教育，他们未到就业年龄，还有学习机会，可以不考虑学习职业技术课程。

职业技术教育课程：普通高中则不同，它并非义务教育，它的毕业生也不可能都上大学，其中总是有一部分人要就业。何况，普通高中本应肩负起为高一级学校培养合格新生和为社会主义事业培养劳动后备力量的双重任务。因此，高中除了实施普通教育任务以外，还有一个是否需要实施一定的职业技术教育或综合技术教育，以培养劳动后备力量的问题，并因此而引发了思想认识上的分歧。

4. 分科课程与综合课程【16 重师 17 杭师 海洋 18 北师 江苏大学 19 聊城 陕师 云师】【名词解释、简答题】

（1）分科课程：又称“学科课程”。具体见学科课程。

（2）综合课程：也叫“广域课程”“统合课程”或者“合成课程”，是打破传统的学科课程的知识领域，将综合相邻领域的学科构成一门学科，其根本目的是克服学科课程分科过细的缺陷。

【优点】

①综合课程坚持课程统一性的观点，通过学习综合课程，可以帮助学生把一个领域里的概念、原理、方法等应用到其他学科领域中，促进知识的迁移和强化；

②综合课程还可以弥合知识间的割裂性，培养学生综合分析、解决问题的能力；

③有利于学生整体把握客观世界；

④这也是学生未来就业的需要；

⑤综合课程还贴近社会现实和实际生活。

【缺点】

①忽视每门学科自身的逻辑结构；

②开发困难：编写综合课程教材是件困难的事情。

1. 题目：课程发展史上论争的几个问题　**易考题型：**简答题、论述题

已考学校：10 杭师 广西 11 华东 青岛大学 12 河北大学 13 东师 杭师 扬大 14 江西 北师 杭师 15 江西师大 南师 江西 天大 安师 华中 陕师 16 重师 山师 西南

2. 题目：学科课程与活动课程　**易考题型：**名词解释、简答题

已考学校：14 天大 15 天大 西外 民大 16 沈师 17 山西 海洋 辽师 江西 天师 海南 华东 18 西北师大 18 北师 陕师 广东技术师范 19 西外 中央民族 集美 华东 19 广西师范学院 20 华南 沈阳师范 江苏师范 民大 川师 苏大 华南 河南师大

第二节　课程设计（重点）

课程设计是以一定的课程观为指导，制定课程标准、选择和组织课程内容、预设学习活动方式的活动，是对课程目标、教育经验和预设学习活动方式的具体化过程。

一、课程目标的设计

（一）课程目标的概念

课程目标是课程实施应达到的学生身心素质发展的预期结果，是对培养目标的具体化。课程目标对学生素质的规定，可以具体化到量的层次和质的层次，如“理解……”“熟悉……”“掌握……”“形成……能力和态度”等。

（二）课程目标制定的依据

课程目标制定的依据主要有三个：即学生需要、社会需要和学科需要。

1. 学生需要：课程是学生的课程，课程的基本职能就是促进学生的身心发展，因而生成课程目标就必须考虑学生的需要。

2. 社会需要：学生作为个体，最终要成为社会人而融入特定的社会，学校教育的一个主要任务就是使学生逐渐社会化。因此，确定课程目标时理所当然地应将社会生活需求作为一个重要来源。

3. 学科需要：知识是课程的原生性来源，学科是知识的最主要的支柱。因此，学科知识及其发展应成为课程目标的基本来源之一。

（三）课程目标设计的基本问题

1. 课程目标的具体化与抽象化问题

课程目标的设计过于具体、目标行为表述太细致，往往会限制过死，不利于教学目标的研制；而课程目标过于抽象和概括，又不利于课程知识的选择和组织，不利于课程评价。因此，应当使这两方面保持适当的平衡。

2. 课程目标的层次与结构问题

课程目标的设计需要有最高标准和最低标准、终极目标和过程目标等不同层次的目标，这样才能对课程实施起导向、调控和评价作用；课程目标应有一定的逻辑结构，即课程目标是由具有逻辑联系的项目组成的。

（四）课程目标设计的基本方式【12 沈师 17 山东师大 18 福师】

一般来说，完整的课程目标体系包括三类：结果性目标、体验性目标与表现性目标。因此，目标的陈述也有相应的三种基本方式。

1. 结果性目标的陈述方式

所谓结果性目标，即明确告诉人们学生的学习结果是什么。在设计时所采用的行为动词要求具体明确、可观测、可量化。这种指向结果性的课程目标，主要应用于“知识”领域。

2. 体验性目标的陈述方式

所谓体验性目标，即描述学生自己的心理感受、情绪体验应达成的标准。它在设计中所采用的行为动词往往是历时性的、过程性的。这种指向体验性的课程目标，主要应用于各种“过程”领域。

3. 表现性目标的陈述方式

所谓表现性目标，即明确安排学生各种各样的个性化的发展机会和发展程度。它在设计中所采用的行为动词通常是与学生表现什么有关的或者结果是开放性的。这种指向表现性的课程目标，主要适用于各种“制作”领域。

（五）布鲁姆的教育目标分类学【19 西外】

美国心理学家布鲁姆在 20 世纪 50—60 年代建立起教育目标分类学，也称“布鲁姆教育目标分类学”。他将教育目标分为认知领域、情感领域和动作技能领域。

布鲁姆教育目标分类的基本框架如下：

1. 认知领域的教育目标，按照从简单到复杂的顺序分为 6 个层次：知识、领会、运用、分析、综合、评价。后 5 个层次属于理智能力和理智技能。

2. 情感领域的教育目标，按照价值内化的程度分为5个具体类别：接受、反应、形成价值观、组织价值观念、价值体系个性化。

3. 动作技能领域的目标，按照从简单到复杂的顺序分为7个层次：知觉、定势、模仿、操作、准确、连贯和习惯化。

二、课程内容的设计（重点）

（一）课程内容的概念【12 广西师大 17 云师 18 山东师大】【名词解释】

课程内容是课程的核心要素，是根据课程目标从人类的经验体系中选择出来，并按照一定的学科逻辑序列和儿童心理发展需求组织编排而成的知识体系和经验体系。它体现在由课程方案所设定的，由各门课程标准分别规定的，并考虑到学生的年龄特征及其知识与经验水平和预期的学习活动及效果的需要而编写的教科书。课程内容的基本性质是知识，它包含着学生应当具有的间接经验和与之相关的直接经验，其中，间接经验即理论化、系统化的书本知识，直接经验是指学生为学习书本知识而需要的感性知识。

（二）课程内容的选择

1. 间接经验的选择

间接经验即理论化、系统化的书本知识，它是人类认识的基本成果，间接经验具体包含在各种形式的科学中。选编时需要注意包含下述三方面：基本事实、基本概念与原理、基本方法。间接经验选择的依据是科学理论知识内在的逻辑结构。

2. 直接经验的选择

直接经验是指与学生现实生活及其需要直接相关的个人知识、技能和体验的总和。如社会生活经验、学生处理与自然事物关系的知识经验与技能技巧等。直接经验选择的依据是学生的现实社会生活需要和学生社会性发展的要求。

（三）课程内容的组织【11/12 福师 14 华东 16 山西师大】【简答题】

课程内容采取何种逻辑形式编排和组织，直接影响课程内容结构的性质和形式，制约着课程实施中的学习活动方式。早在20世纪40年代，泰勒就明确提出了课程内容编排和组织的三条逻辑规则，即连续性、顺序性、整合性。此外，还应处理好以下逻辑组织形式关系。

1. 直线式与螺旋式【10 华东 13 云师】

直线式是指把课程内容组织成一条在逻辑上前后联系的“直线”，前后内容基本不重复，即课程内容直线前进，前面安排过的内容在后面不再呈现。

螺旋式是指在不同单元乃至阶段或不同课程门类中，使课程内容重复出现，逐渐扩大知识面，加深知识难度，即同一课程内容前后重复出现，前面呈现的内容是后面内容的基础，后面内容是对前面内容的不断扩展和加深，层层递进。

【评价】直线式和螺旋式是课程内容组织的两种基本逻辑方式，它们各有利弊，分别适用于不同性质的学科、不同年级的学生。对理论性较强、学生不易理解和掌握的内容，尤其对低年级的学生来说，螺旋式较适合；对一些理论性相对较低的学科知识、操作性较强的内容，则直线式较适合。其实，即使在同一课程的内容体系中，直线式和螺旋式都是必不可少的。

2. 纵向组织与横向组织【17 华东】

纵向组织是指按照知识的逻辑序列，从已知到未知、从具体到抽象等先后顺序组织编排课程内容，注重课程内容的独立体系和知识的深度。

横向组织是指打破学科的知识界限和传统的知识体系，按照学生发展的阶段，以学生发展阶段需要探索的、社会和个人最关心的问题为依据组织课程内容，注重课程内容的综合性和广度。

【评价】相比较而言，纵向组织注重课程内容的独立体系和知识的深度，比如学习数学从简单到难，学习历史也按照知识体系来学习。而横向组织更加注重知识的整合，比如设置一个活动课程，既涉及政治经济的内容，还涉及历史地理，等等。强调知识的广度，但相对来说没那么重视深度。总而言之，横向组织和纵向组织各有利弊，不能单纯地认定一种，而否定另外一种，应该分不同的场合配合使用。

3. 逻辑顺序与心理顺序

逻辑顺序是指根据学科本身的体系和知识的内在联系来组织课程内容。

心理顺序是指按照学生心理发展的特点来组织课程内容。

【评价】现在人们一致认为，课程内容的组织要把逻辑顺序和心理顺序结合起来。逻辑顺序与心理顺序的统一，实质是在课程观上把学生与课程统一起来；在学生观方面，体现为把学生"未来生活世界"与"现实生活世界"统一起来。

1. **题目：**课程设计 **易考题型：**名词解释、简答题、论述题

已考学校：13 沈师 15 内师 16 北师 上师 天师 江苏师大 17 辽师 深大 20 辽师

2. **题目：**课程目标的设计 **易考题型：**名词解释、简答题

已考学校：10 宁波大学 哈师 12 陕师 沈师 14 安师 16 广东技术 海南 17 闽南 海洋 山师

3. **题目：**课程内容的设计 **易考题型：**名词解释、简答题

已考学校：12 广西 14 天师 16 华东 17/18 山师

第三节 课程改革

一、世界各国课程改革发展的趋势（重点）

（一）追求卓越的整体性课程目标

当前各国在课程改革中普遍倾向于培养学生公民的责任感和创新精神，社会交往能力与团队精神，灵活处理各种信息、适应急剧变化的社会环境和创造性地进行工作的能力，并注

重国际理解教育，要求学生具有国际视野。

（二）注重课程编制的时代性、基础性、综合性和选择性

面对全球化、信息时代、知识经济等新的世界背景，各国基础教育课程改革都强调把握课程内容的时代性。一方面反映科学发展的新趋势；另一方面，关注时代发展对人的生存方式及其必备素质的新要求，注重处理基础知识与学科发展的关系，增强课程对学生的适应性，大量开设选修课程、综合课程、实践课程，满足学生个性发展需要。联合国教科文组织号召世界各国基础教育课程改革务必精选学生终身发展必备的基础知识和基本技能，发展学生终身学习的愿望和能力，引导学生分享并具有人类共同的核心价值观。

（三）讲求学习方式的多样化

信息化社会、知识社会、学习化社会引起了教育教学方式的变革。通过课程改革，创设以“学”为中心的课程，创设以“学”为中心的教学，真正使教学过程成为和事物对话、和他人对话、和自身对话的活动过程，从而超越单一的知识接受性教学，创造一种活动性的、合作性的、反思性的学习，已成为世界各国课程改革的共同选择。

题目：世界各国课程改革发展的趋势　**易考题型：**简答题、论述题

已考学校：10 福师　安师 11 曲师　重师 12 聊城大学　上师 13 华南　安师 14 鲁东 16 杭师 17 内师　浙师　郑州大学 18 浙师　淮北　青海 19 青海　安师　西华

二、我国基础教育课程改革

（一）基础教育课程改革的基本目标（重点）

新一轮基础教育课程改革的具体目标如下：

第一，改变课程过于注重知识传授的倾向，强调形成积极主动的学习态度，使获得基础知识与基本技能的过程同时成为学会学习和形成正确价值观的过程。

第二，改变课程结构过于强调学科本位、科目过多和缺乏整合的现状，整体设置九年一贯的课程门类和课时比例，体现课程结构的均衡性、综合性和选择性。

第三，改变课程内容“难、繁、偏、旧”和过于注重书本知识的现状，加强课程内容与学生生活以及现代社会和科技发展的联系，关注学生的学习兴趣和经验，精选终身学习必备的基础知识和技能。

第四，改变课程实施过于强调接受学习、死记硬背、机械训练的现状，倡导学生主动参与、乐于探究、勤于动手，培养学生搜集处理信息的能力、获取新知识的能力、分析和解决问题的能力以及交流与合作的能力。

第五，改变课程评价过分强调甄别与选拔的功能，发挥评价促进学生发展、教师提高和改进教学实践的功能。

第六，改变课程管理过于集中的状况，实行国家、地方、学校三级课程管理，增强课程

对地方、学校及学生的适应性。

题目：基础教育课程改革的基本目标 **易考题型：**简答题、论述题

已考学校：10 沈师 福师 11 沈师 杭师 重师 12 青岛 辽师 广西 13 川师 安师 14 苏大 重师 江西师大 16 杭师 广西 17 曲师 江苏 贵师 浙师 东师 温大 18 北师 海洋 江苏 鲁东 19 内师大 西华 江苏大学 20 西华

（二）新课程的基本理念（重点）

1. 倡导个性化的知识生成方式

课程改革的具体目标之一是积极倡导学生“主动参与、乐于探究、勤于动手”，以培养学生“获取新知识”“分析和解决问题”等的能力，课程知识因而不再局限于具有普适性的简单规则和既定结论，学生生活及其个人知识、直接经验亦成为设计与选编课程内容必须涉及的有机构成；新课程旨在扭转以“知识授受”为特征的教学局面，以建立学生自主学习方式为重要的着眼点，并充分关注到不同学生学习方式的个性、独特性，从而使教、学、师生关系等概念获得了新含义。

2. 增强课程内容的生活化、综合性

首先，加强课程与学生生活和现实社会的联系，并不是让课程脱离学术轨道，而是让学科课程增添时代的源泉和生活的活力。课程的生活化意味着课程要直接面向社会，与生活融为一体，既使课程与学生生活和现实社会实际之间保持密切的联系，又使实践和生活成为学生个人发展的源头活水。其次，新课程设置了许多“综合性学科”，着意推进课程的综合化，对旧有的课程结构进行改造。最后，各分科课程都在尝试综合化的改革，强调科学知识同生活世界的交汇、理性认识同感性经验的融合。

题目：新课程的基本理念 **易考题型：**简答题、论述题

已考学校：13 重师 南师 安师 15 河师大 16 杭师 17 西华 18 鲁东 山西大学 19 天津大学

（三）我国中小学的课程设置（了解）【10 浙师】

我国新一轮基础教育课程改革整体设置九年义务教育课程。

小学教育，以综合课程为主。小学低年级开设品德与生活、语文、数学、体育、艺术或音乐、美术等课程；小学中高年级开设品德与社会、语文、数学、科学、外语、综合实践活动、体育、艺术（或音乐、美术）等课程。

初中教育，设置分科与综合相结合的课程。主要包括思想品德、语文、数学、外语、科学（或物理、化学、生物）、历史与社会（或历史、地理）、体育与健康、艺术（或音乐、美术）以及综合实践活动，鼓励学校创造条件开设选修课程。

普通高中教育，是在九年义务教育基础上进一步提高国民素质、面向大众的基础教育。普

通高中课程由必修和选修两部分构成。课程设置注重时代性、基础性和选择性。具体课程设置以分科课程为主，开设语文、数学、外语、物理、化学、历史、地理、通用技术、综合实践活动、艺术（或音乐、美术）、体育与健康等课程。所有课程均包括若干必修和选修模块。

第四节　课程评价

一、课程评价的概念（重点）

课程评价包括对课程设计编制和实施所做的各种形式的评定。就是运用专业知识，判断课程实施的过程。因此，课程评价既包括学生学业的评价，又包括课程本身的评价。学业评价主要指对学生学业的评价，教师通过评价学生的学业，可以了解学生学业的进步或退步状况，掌握教学与学习效果。测量是学业评价的一种特殊手段，它是采用定量分析的方法，对学生的学业做出评价。

课程评价的意义：课程评价是对课程进行研究和分析，以判断其价值和适宜性，它是教育工作的重要组成部分，是通过收集系统全面的有关资料，对教育的各个环节进行科学、客观的分析、比较，判断其价值和效果；是为调整改善、提高教育质量提供科学的、客观的依据。

二、主要的课程评价模式

（一）目标达成模式（了解）

目标达成模式的评价，旨在确定课程方案达到目标的程度，是由美国课程评价专家泰勒所倡导。他认为，教育的目的在于改变学生的行为，评价就是要衡量学生行为实际发生变化的程度，通过预先规定行为目标来设计课程、评价课程。

1. 确定教育计划的目标，目标的建立和表述是整个评价过程的基础。

2. 根据行为和内容来解说每个目标。

3. 确定使用目标的情境。

4. 设计呈现情境的方式。

5. 设计获取记录的方式。

6. 确定评估时使用的计分单位。

7. 设计获取代表性样本的手段，为评价建立真实可靠的样本。

【评价】在该模式中，评价的操作性和针对性很强。评价的过程实质上是测定教育目标在课程与教学方案中达成多少的过程，教育目标本质上等于是人类行为的改变。作为这一模式基础的行为目标本身、对于预期的行为目标本身，以及对于预期的行为目标以外因素的忽视，导致了许多对这一模式的批评。

（二）目标游离模式（了解）

斯克里文提出了目标游离评价模式，他认为，目标评价模式只考虑到原定目标的预期效应，忽视了非预期效应，而评价应当注重的恰恰是课程的实际效应而不仅仅是预期效应。目标游离评价模式的评价重点从课程的预期效果转向了课程的实际效果。强调评价者不应当受到预期课程目标的影响，而应当注意收集有关课程实际结果的各种信息。

【评价】斯克里文对目标评价模式的批评是中肯的，但是完全游离于既定目标之外，评价将是不可想象的．其价值也将是没有保证的。比较能够令人接受的是将目标游离评价模式作为目标达成模式的补充和发展。

（三）应答评价模式（了解）

应答评价模式是由斯塔克提出的，该模式的主要特点是：以问题特别是直接从事教育活动的决策者和实施者所提出的问题作为评价的先导。通过评价者与评价有关的各方面人员之间持续不断的“对话”，了解他们的愿望，对教育的方案做出修改，对大多数人的愿望做出应答，以满足各种人的需要。斯塔克认为解决教育问题只有依靠那些直接接触问题的人，教育评价应有助于改进工作，应运用非正式的观察、交往等描述性的定性分析的方法，以弥补传统的实验和标准化测验的不足。

【评价】该模式注重各类人员在评价中的作用，重视非正式的评价。但是，该模式具有论证资料的主观性和评价实施上的困难性。

（四）差距评价模式（了解）

该评价模式由曹洛沃斯提出。他认为学校在课程实践中，往往不是完全执行课程计划，而是会有所偏离。因此，如果只就各种不同的课程计划本身进行比较和评价是没有意义的。目的在于将设计的课程标准与实际的课程表现加以比较，找出彼此之间的差距，找出造成差距的原因，作为改进课程的依据，并且决定是继续课程计划，还是重复或终止课程计划。

这种模式把评价与系统管理理论结合在一起，由四个成分和五个评价阶段组成。

四个成分：决定方案标准—决定方案表现—比较表现与标准—确定表现与标准之间是否存在差异。

五个阶段：设计—实施—过程—产品—比较。

评价者的工作是向决策者报告，确定问题和建议可能的矫正行为。差异存在时，决策者是差异评价模式的关键人物。

（五）CIPP 评价模式（重点）【19 中央民族 20 东北师大】【简答题、论述题】

CIPP 评价模式是由斯塔佛尔比姆等学者提出的。他们认为，课程评价不仅是对课程目标实现的状况做出判断，而且应当为课程的改革服务。涉及课程改革的决策可以分为以下四类：设计决策：涉及终止、改变或维持某种课程。结构性决策：涉及改变课程的各种活动。实施决策：具体实施某种课程的活动。循环决策：了解改革的效果后，决定是否纳入课程。

CIPP 评价模式包括背景评价、输入评价、过程评价、成果评价四个步骤：

1. **背景评价**，即要确定课程计划实施机构的背景，明确评价对象及其需要，明确满足需要的机会，诊断需要的基本问题，判断目标是否已反映了这些需要。

2. **输入评价**，主要是为了帮助决策者选择达到目标的最佳手段，而对各种可供选择的课程计划进行评价。

3. **过程评价**，主要是通过描述实际过程来确定或预测课程计划本身或实施过程中存在的问题，需要对计划实施情况不断加以检查。

4. **成果评价**，即要测量、解释和评判课程计划的成绩。它要收集与结果有关的各种描述与判断，把它们与目标以及背景、输入和过程方面的信息联系起来，并对它们的价值和优点做出解释。

【评价】这种评价是对教育过程进行全面的评价，因而可以用一种比较客观的眼光来看待评价对象，尽可能全面描述和分析研究对象的特征，为教育决策者提供信息。

（六）鉴赏评价模式（了解）

艾斯纳认为，在教育评价中应该借鉴评酒员和艺术鉴赏家凭自己的经验对一种酒或一件艺术作品进行整体评价的方法。艾斯纳试图对传统评价模式进行改造。这种改造主要从三方面入手：一是从课程开发的角度提出了“空无课程”的问题；二是从改造评价标准的角度提出了表现性目标的问题；三是从评价方式的角度提出了要重视质性评价的问题。

【常考超纲知识点汇总】

一、泰勒的课程编制原理（最重要）【12/15 华东 13 天大 15 天津 17 南师 18 鲁东 19 陕师 20 江苏大学 苏大】

（一）课程和教学计划应该回答的四个问题

首先，学校应达到哪些教育目标。

其次，提供哪些教育经验才能实现这些目标。

再次，怎样才能有效组织这些教育经验。

最后，我们怎么才能确定这些目标正在得到实现。

（二）课程编制大体上包含四个步骤

首先，确定教育目标。泰勒认为应根据学习者本身的需要、当代校外生活的要求以及专家的建议三方面提出。通过对上述三个教育目标的来源的分析，可以获得大量有关教育目标的资料和普遍的课程目标。然而，学校指向的目标应该是少量的，为此，泰勒认为需要对教育目标进行哲学、心理学两次过滤，最终剩下的是最有意义和可行的目标，即得到特定的课程目标。

其次，选择学习经验。泰勒提出了选择学习经验的五条原则：必须使学生有机会去实践目标中所包含的行为；必须使学生在实践上述行为时有满足感；所选择的学习经验应在学生能力所及范围内；多种经验可用来达到同一目标；同一经验也可产生数种结果。

再次，组织学习经验。泰勒认为应根据继续性、序列性、综合性的标准来组织学习经验。

最后，评价结果。泰勒认为评价是课程编制的一项重要工作。它既要揭示学生获得的经验是否产生了满意的结果，又要发现各种计划的长处与弱点。

（三）评价

长处：

（1）泰勒的目标模式注重目标、效率和行为控制，强调通过控制学生的学习行为和教师的教学过程来促进学生对于知识和技能的获得，是一种有条理的、系统的课程设计过程；

（2）目标模式把评价融入课程设计过程，提供了可用于修改课程计划的反馈方式；

（3）目标模式结构紧凑，逻辑脉络简洁清晰，在具体的教学活动中师生有据可依，课程设计容易实施，因而具有很强的可操作性；

（4）目标模式把评价关注的焦点从学生身上转向整个课程方案，是一种突破。

局限：

（1）目标模式强调课程目标的预先计划，使其具有严密的逻辑体系和确定性，强调了教学过程的可控性、可预期性方面，却忽视了根据实际教学情况进行调整。

（2）课程开发也不只是一个直线式的过程，而是一个循环的、不断反馈的过程，而目标模式轻视课程设计过程与实施过程，不重视学生的主动性，从而压抑学生们的主动性和积极性，降低了师生在教育过程中对各种现象进行处理和解释的自主性。

（3）目标模式中，课程目标都是以显性行为来界定的。因此，像理解力、鉴赏力、人的情感、态度、情趣、价值观等一些不能完满转化成可测量的和可清楚地被观察到的行为的目标就会丢失。

二、研究性学习【12 陕师大】

研究性学习是指学生在教师的指导下，从学习生活和社会生活中选择和确定研究专题，用类似科学研究的方式，主动获取知识并应用知识去解决问题的学习活动。研究性学习是指学习者以问题解决为主要内容，以发展研究能力为主要目的的一种新型学习方式。概括起来，研究性学习的本质在于：在教学理念上，它强调学生本位；在教学设计上，它突出问题本位；在教学评价上，它看中过程本位。

三、国家课程（重点）【11 首都师范 19 西南民族 20 淮北师范】

是由中央教育行政机构编制和审定的课程，其管理权限属于中央级教育机关。它的宗旨是保证国家实现普通教育的培养目标和提高普通教育水平，规定学生应掌握的基础知识和基本能力，体现国家对教育的基本要求。国家对课程的管理主要体现如下：1. 教育部总体规划基础教育课程；2. 制定课程管理的各项政策；3. 制定基础教育的课程标准；4. 积极试行新的课程评价制度。

四、校本课程（重点）【11 天师 15 杭师 16 重师 17 南师 沈师 20 西北师范 华中】

是学校在确保国家课程和地方课程有效实施的前提下，针对学生的兴趣和需要，结合学校的传统和优势以及办学理念充分利用学校和社区的课程资源，自主开发或选用的课程。学校对课程的管理体现如下：1. 制订课程实施方案；2. 重建教学管理制度；3. 管理和开发课程资源；4. 改进课程评价。

校本课程开发的基本内涵：

第一，校本课程开发体现为一种课程价值观的转变。即课程编制、组织、实施不再仅由课程专家或教育行政人员一手控制，而要求有多方参与，要吸收教师、学生、家长的建议和意见，要体现对教师、学生的真正关怀。

第二，校本课程开发强调课程开发活动在学校发起并在学校中实施。校本课程开发强调学校内教师等人员的参与，对学校进行校本课程开发。

第三，校本课程开发是对课程资源与权利的重新分配，而且这种资源的重新分配是学校自己选择与参与的。

五、显性课程与隐性课程（了解）【14 杭师 西北 16 重师 18 北师 20 曲师 聊大 青岛】

显性课程亦称公开课程，是指在学校情境中以直接的、明显的方式呈现的课程。显性课程的主要特征是计划性，这是区分显性课程和隐性课程的主要标志。

隐性课程亦称潜在课程、自发课程，是学校情境中以间接的、内隐的方式呈现的课程。一般来说，隐性课程包括以下几方面：第一，学校物质环境；第二，学校班级中长期形成的制度化与非制度化文化；第三，学校中的人际关系。隐性课程由杰克逊在 1968 年出版的《班级生活》一书中首先提出。

六、新一轮基础教育课程改革的内容（了解）

（一）课程实施

1. 教师在教学过程中应与学生积极互动，共同发展，促进学生在教师指导下主动地、富有个性地学习；2. 教师应尊重学生人格，关注个体差异，使每个学生都能得到充分的发展；3. 大力推进信息技术在教学过程中的普遍应用。

（二）教学的开发与管理

1. 教材改革应有利于引导学生利用已有的知识和经验，主动探索知识的发生与发展，同时有利于老师创造性地进行教学；2. 积极开发并合理利用校内外各种课程资源；3. 完善基础教育教材管理制度，实现教材的高质量和多样化。

（三）课程评价

1. 建立学生全面发展的评价体系；2. 建立促进教师不断提高的评价体系；3. 建立促进课程不断发展的评价体系；4. 继续改革和完善考试制度。

（四）课程管理

实行国家、地方和学校的三级课程管理。

（五）教师的培养与培训

1. 中小学教师继续教育应以基础教育课程改革为核心内容；2. 地方教育行政部门应制订有效、持续的师资培训计划，确保培训工作与新一轮课程改革的推进同步进行。

（六）课程改革的组织与实施

贯彻“先立后破，先试验后推广”的工作方针，建立课程教材持续发展的保障机制。

（七）课程目标

将课程目标设为三大维度——知识与技能、过程与方法、情感态度与价值观。

（八）课程结构

1. 小学以综合课程为主，中学以分科和综合相结合，高中以分科课程为主；2. 从小学到高中，设置综合实践活动课作为必修课；3. 农村中学课程要为当地社会经济发展服务，城市普通中学也要逐步开设职业技术课程。

（九）课程标准

制定统一的国家课程标准，从知识与技能、过程与方法、情感态度与价值观三个维度阐述各门课程的目标。

七、教育科学研究的步骤（了解）

（一）发现教育中的问题

（二）带着问题查阅有关资料

（三）确定教育研究选题

（四）制订研究方案和研究计划

（五）开展研究工作

按照研究方案和研究计划，具体开展研究活动：收集原始资料；收集初试资料；收集过程性资料；对过程性资料进行整理（分类、归纳、统计）；对所有资料进行分析、研究。

（六）通过对资料的分析得出结论

（七）形成研究成果

1. 文字类研究成果：论文；实验报告；研究报告；教学设计方案；学生的学习体会等。

2. 音像、电子类研究成果：各类电教教材、计算机软件、实验研究课的课堂教学实况录像等。

3. 硬件类：校园网、环境建设、新技术、新工艺、新产品等。

（八）撰写研究报告或实验报告

第八章　教学

复习提示

教学是学校教育工作的中心，是实现教育目的的主要途径。提高教学质量是学校永恒的主题和永远的主旋律。关于教学的内容繁多，分了两个章节进行论述：教学概述、教学过程、教学原则、教学的相关概念、教学方法、教学组织形式、教学工作的基本环节、教学评价等。考生应当联系实际，掌握中心概念，把握各节之间互相交叉、互相区别的部分，最后融会贯通。

知识框架

- 教学
  - 教学的概念
  - 教学的意义
    - 教学是传播系统知识、促进学生发展的最有效的形式
    - 教学是进行全面发展教育、实现培养目标的基本途径
    - 教学是学校教育的主要工作
  - 教学的任务
    - 掌握科学文化基础知识、基本技能和技巧
    - 发展体力、智力、能力和创造才能
    - 培养正确的思想、价值观、情感与态度
  - 教学过程
    - 性　质
      - 教学过程是一种特殊的认识过程
      - 教学过程必须以交往为背景和手段
      - 教学过程也是一个促进学生身心发展、追寻与实现价值目标的过程
    - 学生掌握知识的基本阶段
      - 传授/接受教学学生掌握知识的基本阶段
      - 问题/探究教学学生获取知识的基本阶段
    - 教学中应该处理好的几种关系
      - 间接经验与直接经验的关系
      - 掌握知识和发展智力的关系
      - 智力活动与非智力活动的关系
      - 教师主导作用与学生主动性的关系
      - 掌握知识和提高思想的关系
  - 教学原则
    - 定义
    - 我国中小学的教学原则
      - 科学性与思想性统一原则、理论联系实际原则、直观性原则、启发性原则、循序渐进原则、巩固性原则、发展性原则、因材施教原则

第一节　教学概述（重点）

一、教学的概念

教学是在一定的教育目的的规范下，教师的教与学生的学共同组成的一种教育活动。在这一活动中，学生在教师有计划的组织与引导下，能动地学习、掌握系统的科学文化基础知识，发展自身的智能与体力，养成良好的品行与美感，逐步形成全面发展的个性。简言之，教学乃是在教师引导下学生能动地学习知识以获得个性发展的活动。

题目：教学　**易考题型：**名词解释

已考学校：10 沈师 11 华南 江西 重师 12 哈师 杭师 内师 苏大 上师 扬大 13 西南 陕师 14 江西 15 陕师 16 华南 川师 曲师 华南师大 吉林师大 19 山东师大 西南民族 宁夏大学 河南师大 20 江西师大 湖南理工

二、教学的意义【14 河南 15 福师 19 广东技术】【简答题】

（一）教学是传播系统知识、促进学生发展的最有效的形式

教学是一种专门组织起来进行传承知识的活动，通过良好的教学，能够有计划地、较简捷地将人类积累起来的科学文化知识转化为学生个人的精神财富，有力地促进他们的身心发展，使青少年学生的个体发展能在较短时期内达到人类发展的一般水平，从而保证社会的延续和发展。

（二）教学是进行全面发展教育、实现培养目标的基本途径

教学不仅能够有目的、有计划地将教育的各个组成部分，包括智育、德育、美育、体育和综合实践活动的基础知识、基本技能与基本规范传授给学生，为他们在智能、品德、美感、体质和综合实践能力等方面奠定坚实的基础，连绵而丰富的教学认识与交往活动还构成了学生特有的一种学习生活。教学是学生社会化与个性化、成人与成才最有效的活动，是全面发展教育的基本途径。

（三）教学是学校教育的主要工作

教学是一种目的性、连续性、计划性、规范性极强的育人活动。它任务繁重、内容复杂、工作浩繁、制度严格、运行有序，是学校教育中一项最基本、最经常、最主要的工作。所以学校应以教学为主、为中心，全面而妥善地安排各项教育活动。

三、教学的任务

（一）掌握科学文化基础知识、基本技能和技巧

教学的首要任务是引导学生能动地学习、运用和掌握科学文化基础知识和基本技能。因

为教学的其他任务都只有在引导学生掌握知识和技能的基础上才能实现。

所谓基础知识，对中小学生来说，是指构成各门学科的基本事实及其相应的基本概念、原理、公式等及其系统。

所谓技能，是指学生运用所掌握的知识去完成某种实际任务的能力；而所谓基本技能，则是指各门学科中最主要、最常用的技能。

所谓技巧，是指一种技能操作或动作的自动化。

（二）发展体力、智力、能力和创造才能

发展学生的体力、智力、能力和创造才能，不仅是培养全面发展新人的要求，而且是有效地高质量地教学的必要条件，这是现代教学的一项十分重要的任务。

所谓体力，是指人体活动时所能付出的力量，包括持久力、适应力和抵抗力，都与身体健康水平有关。在教学中发展学生的体力，主要应注意教学卫生，如引导学生在坐、立、阅读、书写和其他学习活动中保持正确的姿势，保护学生视力，防止课业负担过重。

所谓智力，是指个人在认识过程中表现出来的认知能力系统。它包括观察力、记忆力、想象力和思维能力，其核心成分是能够对客观事物进行分析、概括、判断和推理的抽象思维能力。

所谓能力，是指个人完成某种体力或脑力活动的主观条件，它包括体力、智力、知识与才能。

所谓创造才能，对学生来说，主要是指能够运用自己已有的知识、智能、灵感与意志去探索、发现、建构他尚未知晓的新的知识或方法的能力，也就是创新。

（三）培养正确的思想、价值观、情感与态度

学生个人的思想、价值观、情感与态度，是构成他们的灵魂、个性的核心，制约着学生个人的学习方向与动力，从而也深刻地影响着教学的效率与质量。因此，培养学生的正确思想、价值观、情感与态度是教学的一个重要的不可忽视的任务。

所谓思想，是指理性认识，其中主要是作为思想意识的观念形态。

所谓价值观，是指推动并引导个人采取决定和行动的信念准则，是一个人思想意识的核心。

所谓情感，是指同人的社会性需要相联系的一种较复杂而又稳定的态度体验。

所谓态度，是指个人对某一对象所持的评价和行为倾向。

题目：教学的任务　**易考题型：**简答题、论述题

已考学校：10 聊大　首师 13 北师　天大 13/14 东师 14 淮北 14 河北大学 14/15 北航 15 内师　福师 16 华中　渤海　山东师大 17 浙师　集美 18 广西师范 19 广东技术　内师

第二节 教学过程（重点）【17 江苏】

一、教学过程的性质（重点）

（一）教学过程是一种特殊的认识过程

教学过程主要是引导学生掌握人类长期积累的科学文化知识的过程，学生循序渐进地学习和运用知识的认识活动是贯彻教学过程始终的主要、基本而特有的活动；师生为传承知识而相互作用的认识活动是教学活动区别于其他活动的最突出、最基本的特点。

教学过程又是一种特殊的认识过程，即它是学生个体的认识过程，具有不同于人类总体认识的显著特点：

1. 间接性。主要以掌握人类长期积累起来的科学文化知识为中介，间接地认识现实世界。

2. 引导性。需要在教师引导下进行认识，而不能独立完成。

3. 简捷性。走的是一条认识的捷径，是一种科学文化知识的再生产。

（二）教学过程必须以交往为背景和手段

教学活动不是孤立的个体认识活动，而是社会群体性的有目的有组织的认识活动。它离不开师与生、生与生之间的交往、互动，离不开人们的共同生活。教学过程以社会交往为背景，尤其是个体最初的学习和认识，所以，有目的地进行的教学也必须以交往为背景，并通过社会交往与联系社会生活来帮助和检验学生的学习效果，理解所学知识的实际意义与社会价值。教学还以交往、沟通、交流为重要手段和方法。

（三）教学过程也是一个促进学生身心发展、追寻与实现价值目标的过程

教学过程是教师引导学生掌握知识、认识知识、进行交往，以促进学生的身心发展，并追寻与实现价值增值目标的过程。其中，引导学生掌握知识、进行认识及交往的活动是教学的基本与基础的活动；而促进学生的身心发展及其价值目标的实现则是在这个认识及交往活动过程中所要完成的教学任务。同时教学过程永远具有教育性，教学是德育的一条重要途径。

题目：教学过程的性质　**易考题型：**简答题、论述题

已考学校：10 广西 11 西南 聊大 广西师大 徐师 12 青岛大学 14 湖师 15 南师 天师 扬大 16 江苏师范 17 陕师 集美 吉师 温大 18 合肥师大 20 西北师范

二、学生掌握知识的基本阶段（重点）

自古以来，中外教育都注重教学过程研究，提出了不同的学生掌握知识阶段的学说，但主要有两种模式：一种是以师生授受知识为特征的传授 / 接受教学，另一种是在教师引导下以学生主动探取知识为特征的问题 / 探究教学。

（一）传授 / 接受教学学生掌握知识的基本阶段

传授 / 接受教学是指教师主要通过语言传授、演示与示范使学生掌握基础知识、基本技能，并通过知识授受向他们进行思想情趣熏陶的教学，亦称接受学习。传授 / 接受教学中学生掌握知识的基本阶段如下：

1. 引起求知欲

教学应该从诱发和激起学生的求知欲开始，从做好学生的心理准备开始。做好准备，包括物质的、心理的、组织的和方法的准备，其中主要是心理准备，即引起学生的求知欲，使他们明确学习的课题、任务和要求。引起求知欲就是为了引导学生去积极学习和运用知识。

2. 感知教材

中小学的课堂教学往往是从学习与感知教材（主要指教科书）开始的。教材是一种符号化表征的书本知识，是他人的实践经验。学生只有凭借自己的生活经验或有关的感性知识才能理解书本知识。

3. 理解教材

理解教材是教学过程的中心环节。教师要善于引导学生运用思维方法和推理方式，并在这个过程中培养他们的逻辑思维能力；教学过程中要注意引导学生的认识，由个别发展到认识一般，由一般发展到认识个别，把归纳和演绎结合起来，形成概念。

4. 巩固知识

要从各方面来巩固知识，需要一些专门的巩固工作，即进行各种形式的复习；在巩固知识问题上，注意指导学生进行记忆，发展他们的记忆力，学生只有在理解的基础上牢牢记住所学的知识，才能顺利地吸收新知识。

5. 运用知识

在教学过程中，学生运用知识，掌握技能技巧，主要通过教学性实践，大多采取反复练习的方法来实现。理解知识和巩固知识是运用的基础，而掌握知识的目的在于运用。

6. 检查知识、技能、技巧

学生掌握知识、技能和技巧的质量怎样，只有通过检查才能确定，一般采取课堂提问、检查课内外作业和各种检验进行。

优点：能充分发挥教师的主导作用，同时也很好地调动学生的个人积极性，能按学科知识的逻辑系统循序渐进地教学，使学生掌握系统的科学知识和技能，能在单位时间内培养更多的学生以提高教学的功效，使学生简捷有效地掌握知识。

缺点：不易正确地发挥教师的主导作用，往往因缺乏教学民主、启发诱导而强迫命令，压抑学生的主动性，以学习书本知识为主而易脱离生活实际，使学生感到抽象、枯燥，往往教师讲得多而学生活动少，容易出现注入式教学和学生死记硬背。

（二）问题 / 探究教学学生获取知识的基本阶段

问题 / 探究教学是指在教师引导下，学生主要通过积极参与对问题的分析、探索，主动发现或建构新知，并掌握其方法与程序，培养他们的科研能力、科学态度和品行的教学。简言之，它是一种引导学生通过探究获得真知与个性发展的教学。亦称探究学习、发现学习。

1. 明确问题

与传统的教学从授受书本知识开始不同，探究学习则是从引导学生明确所要探究的问题入手。探究学习的问题并非课堂上的一般的质疑、提问，而是指具有一定难度和挑战性的，需要经过探究、分析、检验等认识活动才能解决的学术问题或实际问题。

2. 深入探究

问题明确后，教学便进入探究阶段，着手解决问题，探究是一个不断深入分析问题、解决问题的过程，旨在弄清事物的特性、规律、因果关系及其价值，直到全部疑难得到化解，真知得到阐明与验收为止。这是探究学习的主要活动和中心一环。组织很好的探究活动，能充分发挥学生学习的主动性和创造性，更好地开展师生与生生间的交往、合作与互动。

3. 做出结论

当探究的问题经过猜想、假设与论证、检验得到解决时，做出结论十分重要。做结论既要有确定性、简明性，又要有余地。必须对探究活动的内容、方法、态度等各方面进行全面的归纳与总结、优化与提升。其目的是使学生对所获得的知识系统化、精确化，正确地掌握概念、原理和公式；能够运用正确的观点与方法来认识问题，尤其要掌握先进的科学方法；使学生树立实事求是、一丝不苟、勇于求真的良好学风。

优点：从问题入手能激起学生的求知欲，调动学生的学习主动性。进行独立研究要求学生自己去计划和探索，有利于提高他们独立思考、独立分析问题与解决问题的能力。通过研究获得的知识，理解得更深，记得更牢。

缺点：因重视学生独立作业，难免不能充分发挥教师的主导作用；学生主要靠自己探索获取知识则费时过多，学生获得的知识量太少，影响教学进度及任务的完成；若无高水平的教师及时引导，学生的独立研究也易产生盲目性，失去自觉的主动性、积极性。

【二者的关系以及我们该如何对待使用】

可见，上述两种教学均有其优势与不足。在教学上，二者既相互对立，又相互补充。其对立的一面，推动了教学工作的改革与教学理论的演进；其互补的一面，则有助于教学整体任务全面而高质量地完成。

在教学上，我们要扬二者之长，避二者之短。若期望学生便捷地掌握一般的基础知识与技能，则应以接受学习为主；若期望学生学得更加主动，并使学生的智能、品德与情操真正得到锻炼与提升，便要采用探究学习才能奏效。

1. 题目：学生掌握知识的基本阶段 **易考题型**：简答题、论述题

已考学校：10中山 广西师大 13广西师大 13/14湖师 20天师

2. 题目：传授/接受教学学生掌握知识的基本阶段 **易考题型**：简答题、论述题

已考学校： 13 扬大 14 福师 陕师 15 杭师 16 北师 南师 上师 扬大 17 陕师

3. 题目： 问题/探究教学学生获取知识的基本阶段 **易考题型：** 简答题、论述题

已考学校： 14 内师 18 江苏师大 广东技术师范 19 扬大 陕师 辽师 青岛大学 20 温州大学

三、教学中应该处理好的几种关系（重点）

（一）间接经验与直接经验的关系

1. 学生认识的主要任务是学习间接经验

在教学过程中，坚持以掌握间接经验为主，可以减少认识过程中的盲目性，节省时间和精力。因此，有目的地组织学生进行以间接经验学习的活动就是教学。它把人类世世代代积累起来的科学文化知识加以选择，使之简约化、洁净化、系统化、心理化，组成课程，编成教材，然后转化为动态的教学活动，引导学生循序渐进地学习。

2. 学习间接经验必须以学生个人的直接经验为基础

现成的书本知识，一般表现为概念、原理、定律与公式所组成的系统，是一种偏于理性的知识。这种知识对学生来说，是他人的认识成果，间接的经验，是很抽象的，不容易理解的。学生要把这种书本知识转化为自己理解的知识，就必须以个人以往积累的或现时获得的感性经验为基础。个人只有依靠已知的东西、已有的经验，才能认识和掌握尚未知晓的知识。

3. 防止忽视系统知识传授或直接经验积累的偏向

在处理间接经验与直接经验的关系时，要防止教学史上曾出现过的两种偏向。一种是在传统教育观影响下产生的偏向。他们主张书本至上，重视书本知识的传授，导致注入式教学。另一种是在实用主义教育观影响下产生的偏向，过于重视学生个人的经验积累，注重从做中学，而忽视书本知识的学习和教师的系统传授，结果使学生难以掌握系统的科学文化知识。这两者都违反教学的规律性，人为地割裂了学生掌握知识过程中间接经验与直接经验之间的内在联系，严重影响了教学质量的提高。

（二）掌握知识和发展智力的关系

1. 智力的发展与知识的掌握二者相互依存、相互促进

在教学过程中，学生智力的发展依赖于他们知识的掌握。因为系统知识是智力发展的必要条件，人们的智力发展离不开知识和经验。同时，学生对知识的掌握又依赖于他们的智力发展。因为人们的智力同样是人们掌握知识的必要条件，只有那些智力发展好的学生，他们的接受能力才强、学习效率才高；而智力发展较差的学生在学习过程中则有较多的困难。

2. 生动活泼地理解和创造性地运用知识才能有效地发展智力

通过传授知识发展学生的智力是教学的一个重要任务。然而，知识不等于智力，传授了知识不等于训练了智力。因为学生的智力不仅与他们所掌握知识的性质、难度有关，更重要的是他们对这些知识的理解的透彻度、获取这些知识的方法和活动的状况以及运用知识的自觉能动的程度密切相关。因此，在教学中，不仅要教给学生以知识，而且要引导学生通过生

动活泼主动的学习活动透彻地理解知识原理，掌握学科的结构，学会独立思考。这样才能使学生的智力获得高水平的发展。

3. 防止单纯抓知识教学或只重智力发展的片面性

在近代教育史上，对于教学中应当如何处理掌握知识与发展智力的关系问题，形式教育论者与实质教育论者曾经有过长期的争论。前者认为，教学的主要任务在于训练学生的思维形式，知识的传授则是无关紧要的；后者认为，教学的主要任务在于传授给学生对生活有用的知识，至于学生的智力则无须进行特别的培养和训练。显然，两者的主张都是片面的，都把掌握知识与发展智力人为地割裂开来了。

（三）智力活动与非智力活动的关系

1. 学生的学习、认识活动包括智力活动与非智力活动

智力活动主要是指认知事物、掌握知识而进行的感知、观察、思维、记忆和想象等心理因素的活动，它是进行学习、认知世界的工具和手段。

非智力活动，主要指在认知事物、掌握知识过程中的好奇、欲求、兴趣、情感等心理因素的活动，它是进行学习、研究的实践动力。

智力活动以非智力活动为内在动力，因为学生从事学习、认识世界是艰苦的智力劳动，没有内在的强劲动力是坚持不下去的。非智力活动又以智力活动为服务对象，非智力活动的开展必须依据智力活动，渗透到其中去，才能使教学拥有理智的目的性，推进智力活动的深入。

2. 按教学需要调节学生的非智力活动才能有成效地进行智力活动，完成教学任务

学生的智力活动与非智力活动主要有两种情况：一种是教学的知识与过程丰富、多彩、生动，引发了学生的需要、兴趣、情感、意志等非智力活动。另一种是教学的知识与过程贫乏、单调、死板，引发不了学生的需要、兴趣、情感、意志，使他们感到乏味、厌恶，注意力转移。

在教学中，按教学需要调节非智力活动要从两方面进行。一方面通过改进教学本身，使教学的内容和过程都富有知识性、趣味性、启发性、民主性，适合学生年龄特征，具有吸引力，以便引起、保持学生的求知欲和兴趣、毅力、信心，养成良好的非智力因素品质。另一方面通过提高学生自我教育能力，让他们逐步自我养成强烈的求知欲和稳定的学习兴趣以及毅力、信心、抱负，能够自觉地按教学要求调节自己的非智力因素及其活动，积极进行智力活动，提高学习效率。

（四）教师主导作用与学生主动性的关系

1. 发挥教师的主导作用是学生简捷有效地学习知识、发展身心的必要条件

在整个教学过程中，教师是教育的主体，只有通过教师的组织调节或指导作用，学生才能迅速地掌握知识，形成技能、品德，促进自己的发展。教学的效率和质量首先是由教师教得好坏决定的，一般来说，只有提高教师的素质和教学水平才能培养出优秀的学生。

2. 尊重学生，调动学生的学习主动性是教师有效地教学的一个主要因素

学生是学习的主体，教师传授的知识与技能，都要经过学生个人的观察、思考、领悟和自觉运用，才能转化为他们的本领与品德。学生的学习积极性发挥得怎样，直接影响并最终决定着他们的学习效果和身心发展的水平。因此，教师要尊重学生，民主平等地对待学生，充分调动学生学习积极性，对于学生的好奇、好问、好探究的天性要珍惜、爱护、循循善诱。

3. 防止忽视学生积极性或忽视教师主导作用的偏向

教学史上曾出现过两种片面性。以赫尔巴特为代表的传统教育派认为，教师在教学中处于中心地位，向学生传授知识、进行教育主要依靠教师。他们片面强调教师权威，忽视学生的主动性，使教学进行得死板、被动，不利于培养学生的自主精神和创造才能。以杜威为代表的现代教育派，则指责传统教学以学科、教师为教学的主宰，给儿童带来严重的危害，因而主张进行重心转移的革命，把儿童变成教学的中心，充分发挥学生的主动性，教育的一切措施都围绕着学生转。上述两派的共同特点都是把教师的主导作用与学生的主动性对立起来，强调一个而忽视另外一个。唯有师生积极合作才能产生教学双方的积极性和发挥教学的整体功能。

（五）掌握知识和提高思想的关系

1. 以知识为基础来提高学生思想

人们思想观念和世界观的形成是需要以一定的知识经验为基础的，尤其是学生正确人生观、科学世界观的形成，更需要有一定的科学文化知识为基础。所以，学生思想品德的培养和提高要融会于知识的传授与掌握中，并以此为基础。

2. 引导学生对所学知识产生积极的态度，使其思想得以提高

学生掌握了知识并非一定能够提高思想品德。换言之，知识的多少与品德的好坏并不成正比，知识的多少并不一定会转化为品德。只有引导学生以积极的态度和情感来吸取知识，才能使科学知识中所蕴含的思想观点转化为学生自己的观点和信念，从而真正提高学生的思想修养。

3. 学生思想的提高又推动其积极地学习知识

只有在教学中不断提高学生的思想，端正他们的学习态度，树立远大的理想和抱负，才能产生并保持旺盛而持久的学习动机，从而积极主动地获取知识，所以，学生思想的提高必将积极地推动他们进一步努力学习。

4. 防止单纯传授知识、忽视思想教育或脱离知识的传授而搞纯思想教育的倾向

在教学中要防止两种偏向。一是要防止单纯传授知识、忽视思想教育的偏向。持这种观点的人以为教材富有思想性，学生学了思想自然会提高，无须教师多讲，这是错误的。在传授知识的同时，教师要有意识地启发学生对所学知识的社会意义产生积极的态度。二是要防止脱离知识的传授而独立搞一套纯思想教育的偏向。这种思想教育对于学生而言毫无意义，不利于学生的知识学习和思想的提高。

【背诵口诀】教学中应该处理好的几种关系："直掌掌智倒"（"直掌"与"掌智"的读音是倒过来的，最后一个"倒"与"导"音相同）——直接经验与间接经验、掌握知识与培养思想品德、掌握知识与发展智力、智力因素与非智力因素、教师主导与学生主体。

1. 题目：教学中应该处理好的几种关系　**易考题型：**简答题、论述题

已考学校：10 西南 11 沈师 天师 东师 12 西南 湖大 哈师 13 苏大 川师 14 江西 15 温大 16 华南 扬大 川师 17 曲师 东师 18 江西 18/19 西华 19 沈师 海南师大 安师 江苏大学 20 海南师范 集美 吉师 南师

2. 题目：间接经验与直接经验的关系　**易考题型：**简答题

已考学校：10 青岛 徐师 11 西北 12 青岛大学 浙师大 13 浙师 扬大 14 华中 徐师 15 扬大 18 聊城 山东师大 佛山科技 19 辽师 川师 20 湖南理工

3. 题目：掌握知识和发展智力的关系　**易考题型：**简答题

已考学校：10 天师 聊大 11 广西 杭师 12 安师 14 辽师 15 华中 沈师 上师 陕师 15/19 山东师大 17 延大 山西大学 18 鲁东 15/16/19 东师 19 青岛

4. 题目：智力活动与非智力活动的关系　**易考题型：**简答题

已考学校：10 天师 11 东北师范 12/13/16 广西师大 14 天师 16 北师 安师 18 中国海洋

5. 题目：教师主导作用与学生主动性的关系　**易考题型：**简答题

已考学校：10 扬大 11 河南师大 12 青岛 江西师大 14 西南 16/18 内师 16 山东师大 西北师大 17/18/19 上师 17/18 陕师 18 广东技术师范 19 湖大 深大 20 广东技术师范 华南师范

6. 题目：掌握知识和提高思想的关系　**易考题型：**简答题

已考学校：11 渤海大学 19 西北师大

第三节　教学原则（重点）

一、教学原则

教学原则是有效进行教学必须遵循的基本要求和原理。它既指导教师的教，也指导学生的学，应贯彻于教学过程的各方面和始终。教学原则包括三方面的含义：（1）教学原则从属于教学目的，为实现教学目的服务；（2）教学原则的确立有赖于人们对教学规律的认识；（3）教学原则对教学内容、教学方法、教学组织形式的设计与运用起指导作用。

题目：教学原则　**易考题型：**名词解释

已考学校：12 徐师 13 沈师 哈师 15 山西 12/16/19 内师 16 贵师 18 川师 东师 广西民族 苏大 19 云师 聊城

二、我国中小学的教学原则

我国中小学的教学原则主要有：科学性与思想性统一原则，理论联系实际原则，直观性原则，启发性原则，循序渐进原则，巩固性原则，发展性原则，因材施教原则。

【背诵口诀】教学原则：“科理直启循巩发因”

（一）科学性与思想性统一原则

科学性与思想性统一原则，是指教学要以马克思主义为指导，授予学生科学知识，并结合知识教学对学生进行社会主义品德和正确的人生观、世界观教育。

贯彻科学性与思想性统一原则的基本要求如下。

1. 保证教学的科学性

在教学中，教师要以马克思主义的观点和方法来分析教材，选择和补充的教学内容都要切合时代的需要，反映学科的进步；传授给学生的知识及其方法、过程都应当是科学的、准确无误的、富有教益的。

2. 发掘教材的思想性，注意在教学中对学生进行品德教育

在教学中，教师如能深入发掘教材内在的思想性，结合知识的传授，联系实际、有的放矢地向学生进行思想教育，就能有力地感染学生。

3. 重视补充有价值的资料、事例或录像

一般来说，教材的思想性寓于科学知识之中，大都十分内隐。如果教师对教材马虎处置、照本宣科，不仅教材的思想性得不到彰显，学生的思想情趣受不到触动，而且科学性也将削弱。如果教师能深入领悟、吃透教材，根据教学需要补充一些有价值的资料，情况则大不一样。

4. 不断提高自己的专业水平和思想修养

教学的科学性和思想性主要靠教师来保障。所以，教师必须不断充实与更新知识，提高理论水平和思想修养。

【背诵口诀】“科思专修（装修）像资历（例）（——科思（人名）装修能力很强，正符合他的资历）

分别对应：科——科学性、保证教学的科学性；思——思想性，发掘教材的思想性；专（装）——专业水平，不断提高自己的专业水平；修——思想修养，不断提高自己的思想修养；像——录像；资——资料；例——事例（重视补充有价值的资料、事例和录像）。

（二）理论联系实际原则

理论联系实际原则，是指教学要引导学生以学习基础知识为主导，从理论与实际的联系上去理解知识，并注重学以致用，发展动手能力，领悟知识的价值。

贯彻理论联系实际原则的基本要求如下。

1. 书本知识的教学要注重联系实际

为了使学生能自觉掌握各学科的基本知识与原理，教师必须注意联系实际进行知识的讲授：（1）联系学生的生活经验、已有的知识、能力、志趣、品德的实际；（2）联系科学知识在生产建设和社会生活中的运用实际；（3）联系当代最新的科研进展和科学成就的实际等。只有联系实际，教学才能生动活泼，使抽象的书本知识易于被学生理解、吸收。

2. 重视引导学生运用知识

一要重视教学中知识的运用，如解决实际问题的讨论、作业、实验等教学性实践；二要在教学课文的过程中，组织学生开展一些实际的学习活动。

3. 逐步培养与形成学生综合运用知识的能力

学生的理论联系实际，学以致用的能力，并不像我们设想的那样简单，只要通过一次认真听讲、理解就能弄清。它是一个需要经过反复领悟与运用、总结与提高才能逐步形成的过程。

4. 补充必要的乡土教材

我国幅员广大，南方与北方、沿海与内地在自然条件、经济和文化发展等各方面都有很大差异；何况每个地方都有它特有的历史文化、风土人情。因此，在使用统一的教材时，必须适当补充乡土教材，使教学不脱离地区实际，为地区的经济建设服务。

【背诵口诀】“综书（钱锺书）运土”（钱锺书先生搬运泥土）

分别对应：综——综合能力，逐步培养与形成学生综合运用知识的能力；

书——书本知识的教学要注重联系实际；

运——运用知识，重视引导学生运用知识；

土——乡土教材，补充必要的乡土教材。

（三）直观性原则

直观性原则，是指在教学中通过引导学生观察所学事物或图像，聆听教师用语言对所学对象的形象描绘，形成有关事物具体而清晰的表象，以便理解所学知识。

贯彻直观性原则的基本要求如下。

1. 正确选择直观教具和现代化教学手段

直观教具一般分为以下三类：（1）实物直观，包括各种实物、标本、实验、参观；（2）模象直观，包括各种图片、图表、模型、幻灯片等；（3）多媒体教学。

2. 直观要与讲解相结合

教学中的直观不是让学生自发地看，而是要在教师的指导下有目的地观察，教师通过提出问题，引导学生去把握事物的特征，发现事物之间的联系；并通过讲解以解答学生在观察中的疑惑，以便更深刻地掌握理性知识。

3. 防止直观的不当与滥用

直观是一种教学的手段，而不是教学的目的。不能把直观当作目的，不能为直观而直观，不是直观得越多越好。要知道，不管教学是否需要，一味追求直观和多媒体的生动形象，必然导致直观过多或直观不当。这样做的结果是，不仅浪费了宝贵的课时，而且将影响学生抽象思维、创造性想象和探究能力的发展。

4. 重视运用语言直观

教师用语言做生动的讲解、形象的描述、通俗的比喻，都能够起到直观的作用。语言直观的特点是不受实物或模象直观所需的设备和条件的限制，但它必须基于学生已有的相关经验和知识，通过教师的语言把这些经验按教学需要重新组合，以建构他们头脑中的新的表象。

【背诵口诀】“不植宣讲语”（植：植入；宣讲语可理解为广告）（看电视时，不要植入广告）

不：防止直观的不当与滥用；直（植）：选择直观教具；

现（宣）：选择现代化教学手段；讲：直观要与讲解相结合；语：重视运用语言直观。

（四）启发性原则

启发性原则，是指在教学中教师要激发学生的学习主体性，引导他们独立思考，积极探究，自觉地掌握科学知识，学会分析问题，树立求真意识和人文情怀。

贯彻启发性原则的基本要求如下。

1. 调动学生学习的主动性

如果学生的学习只靠外力来强迫命令，而没有内在的追求与动力，则很难持久。所以，调动学生内在的学习主动性是启发的首要问题。在培养学生的学习主动性上，教师要充分发挥教学内容与教材的吸引力，以激发学生的求知欲和积极性。

2. 善于提问激疑，引导教学步步深入

常有这种情况，学生在学习中提不出问题，深入不下去。如何才能打破这种困境，这就有赖于教师的启发诱导。优秀的教师在教学中均善于提问激疑，使学生茅塞顿开，思想活跃起来。然后，教师因势利导，引导学生的认识步步深入，生动活泼地获取新知，并使他们的思维能力受到真正的锻炼与提高。

3. 注重通过在解决实际问题中启发学生获取知识

我们的启发教学往往习惯于从教师提问激疑开始，其实启发教学并非只有教师提问这一模式。通过组织和引导学生观察、操作、动手解决实际的学习任务和问题，也是启发教学的另一条重要的途径。

4. 发扬教学民主

要创造宽松、和谐、民主、平等、坦率、活跃的课堂教学氛围，这是启发教学的重要条件。只有这样，学生的心情才会感到轻松、坦然、乐观、积极，他们的聪明才智才能充分发挥出来。教师切不可唯我独尊、搞一言堂，要鼓励学生发表自己的见解，甚至与教师不同的见解。

【背诵口诀】“民动手，毒（独）死（思）主（猪）”（可理解为：一个农民动手把一头小猪给毒死了）

分别对应：民——发扬民主教学；动手——让学生动手，培养独立解决问题的能力/注重通过解决实际问题中启发学生获取知识；毒（独）死（思）——启发学生独立思考，发展学生的逻辑思维能力/善于提问激疑，引导教学步步深入；主（猪）——调动学生学习的主动性。

（五）循序渐进原则

循序渐进原则，是指教学要按照学科的逻辑系统和学生认识发展的顺序进行，使学生系统地掌握基础知识、基本技能，形成严密的逻辑思维能力。

贯彻循序渐进原则的基本要求如下。

1. 按教材的系统性进行教学

按课程标准和教科书的逻辑体系进行教学，是为了保证科学知识的系统性。结合学生认识特点和本班学生的情况，编写一个讲授提纲或教学活动计划，以组织、指导教学的具体进程。

2. 抓主要矛盾，解决好重点与难点问题

抓好重点，就是要把基本概念、基本技能当作课堂教学的重点，把较多的时间和精力放在重点上。围绕重点对学生进行启发诱导，以保证学生掌握基本概念和基本技能。难点不一定是重点，难点是针对学生感到困难而言的。不同的学生有不同的难点，所以，突破难点，要针对学生的困难采取措施。

3. 由浅入深、由易到难、由简到繁

这是循序渐进应遵循的一般要求，是行之有效的宝贵经验。无数实践证明教学不可“躐等”“跃进”。如果不顾学生认识的循序性，一味搞突击、求速成、跳跃前进，那必定是“欲速则不达”，以学生接受不了而失败告终。

4. 将系统连贯性与灵活多样性结合起来

教学是一门复杂的艺术。为了使学生掌握系统而精确的学科知识，教师必须认真备课，吃透教材的重点与难点，确定教学的具体目的与任务，写好讲授纲要，以便系统而有效地进行教学。但课堂情况复杂，充满变数。因此，在课堂教学中，教师应当将教学的系统性、连续性与灵活性、多变性机智地结合起来。

【背诵口诀】“系统性的重难点，让我们活着连续游到（由……到）（岸边）”

（可理解为：正是因为掌握了这些系统性的考研重难点，我们才一个个都连续上岸了）

分别对应：系统性——按教材的系统性进行教学；

重难点——抓住主要矛盾，解决好重点和难点问题；

活——灵活多样；连：连贯性，将系统连贯性与灵活多样性结合起来；

游到（由……到）——由浅入深、由易到难、由简到繁

小米学姐

（六）巩固性原则

巩固性原则，是指教学要引导学生在理解的基础上牢固地掌握知识和技能，长久地保持在记忆中，以便根据需要迅速再现出来，卓有成效地运用。

贯彻巩固性原则的基本要求如下。

1. 在理解的基础上巩固

理解知识是巩固知识的基础。要使学生知识掌握得牢固，教师首先要在传授时使学生深刻理解，留下极深的印象。所以，在教学中，要引导学生把理解知识和巩固、记忆知识联系起来。

2. 重视组织各种复习

复习就是重温已学过的知识。它可以使知识在记忆中强化、熟练，加深学生对知识的理解，提高学生的再造与创造能力。教学过程中，应根据需要组织各种复习。

3. 在扩充、改组和运用知识中积极巩固

复习是通过反复学习、领悟已学知识来防止遗忘和进行巩固的一种方法。它是巩固的主要方法，但不是唯一的方法。在教学中，许多教师非常重视引导学生通过努力学习新知识，扩大、加深、改组原有知识，以及其积极运用所学知识于实际来巩固知识。这种办法与复习相比较来看，是一种更为积极的巩固。

【背诵口诀】“解复（腹）扩改运”【解腹可理解为剖腹生小孩；妇女生小孩后，她们在家庭中的地位会有所提升，她们的命运也有所改变（封建传统思想）】

分别对应：解——在理解的基础上巩固；复：重视组织各种复习。

扩改运——在扩充、改组和运用知识中积极巩固。

（七）发展性原则

发展性原则，是指教学的内容、方法和进度要适合学生的发展水平，但又有一定的难度，需要他们经过努力才能掌握，以便有效地促进学生的身心发展。

贯彻发展性原则的基本要求如下：

1. 了解学生的发展水平，从实际出发进行教学

教师在教学过程中，随时都要了解学生的发展水平、已有知识与能力状况。这是教学的基点与起点，也是学生知识的生长点。教学只有符合学生发展水平，才能被他们理解、接受。

2. 考虑学生认识发展的时代特点

由于人民生活改善、科技迅猛发展、报刊图书激增、广播电视普及，学生知识来源的方式增多。故对学生发展水平的估计，不能永远停止在早已过时的估计上，要考虑学生认识发展的时代特点。也要与时俱进，改变传统教学的旧观念，提高教学的起点。

【背诵口诀】“时代水平发展”（时代的生活水平得到发展）

分别对应：时代特点、发展水平、发展性原则。

（八）因材施教原则

因材施教原则，是指教师要从学生的实际情况、个别差异与个性特点出发，有的放矢地进行有区别的教学，使每个学生都能扬长避短、长善救失，获得最佳发展。

贯彻因材施教原则的基本要求如下。

1. 针对学生的特点进行有区别的教学

教师应当了解每个学生德智体美以及综合实践能力等各方面发展的特点，包括各学科学习的情况与成绩，有何兴趣、爱好与擅长以及不足之处，然后有目的地因材施教。

2. 采取有效措施使有才能的学生得到充分的发展

现行的班级上课制注重面向全体，往往大家齐步走而很难照顾到学生的特点，使许多学生的才能发展受到局限。故现代教学要重视探索和采用一些特殊措施或制度，以保证早出人才、快出人才。如对有特殊才能的学生请有关学科的教师或校外专家进行特殊的指导和培养。

【背诵口诀】区分 = 区别教学 + 充分发展。

1. 题目：我国中小学的教学原则　**易考题型：**简答题、论述题

已考学校：10 湖南大学 青岛 11 华南 11/14 山西师大 15 江西师大 福师 贵师 海洋 16 青岛大学 湖南大学 17 广西师范 18 川师 东北师大 苏州 宝鸡文理 石河子 19 集美 广西师大 湖南 聊城 20 陕师

2. 题目：科学性与思想性统一原则　**易考题型：**简答题、论述题

已考学校：11 北师 16 辽师 19 湖北师范 20 北师 西华师大

3. 题目：理论联系实际原则　**易考题型：**简答题、论述题

已考学校：13 云师 14 上师 17 西华 18 山东师大 19 广东技师 山西师大

4. 题目：直观性原则　**易考题型：**简答题、论述题

已考学校：12 延安 13 东师 15/18 华中 16 西华 贵师 17 山西大学 杭师 18 河北大学 20 上师

5. 题目：启发性原则　**易考题型：**简答题、论述题

已考学校：10/17 杭师 12 辽师 渤海大学 12/13/16/18 陕师 12/13 北师 福师 11/13/17 扬大 13/17 华中 14 江西师大 14/16/17 沈师 14 安师 15 徐师 青岛大学 鲁东 15/16 江苏师大 16 福师 17 华中 赣南师大 17/18 云师 16/18 闽南师大 18 聊城大学 18/19 贵师 18/19 西北师大 18/19 海洋 18/19 山东师大 19 湖南科技 山东师大 太原 20 华中师大 哈师

6. 题目：循序渐进原则　**易考题型：**简答题、论述题

已考学校：15 沈师 16 鲁东 南师 14/17 闽南 17 温州大学 福师 18 集美 19 天师 14/20 扬大

7. 题目：发展性原则　**易考题型：**简答题、论述题

已考学校：10 华东 13 鲁东 14 吉林师范 15 福师 云师 19 华中师大

8. 题目：因材施教原则　**易考题型：**简答题、论述题

已考学校：10东北师大 11哈师 11/12扬大 12天师 13内师 闽南 19湖北师范 湖南大学 贵师 华东

【常考超纲知识点汇总】

1. 形式教育论与实质教育（了解）【17杭师】

形式教育的历史很长，他们认为教学主要不是教给学生知识，而是在于提高学生的能力。实质教育要晚得多，在夸美纽斯之后，和形式教育形成对立，反对提高学生能力，主张教学就要教知识，而且应该教给学生实用的科学知识。归结起来说：形式教育注重能力培养，实质教育注重知识传授。

形式教育强调培养学生的能力，特别是所谓的悟性或理性能力、思维能力。他们认为语言是最好的形式，尤其古代语言的学习能够获得文法上的修炼，很好地训练思维。这是他们重视语言尤其是古代语言、数学、辩证法等学科的理由所在。实质教育认为教学的主要任务是应该教给学生对生产、生活实际有用的知识，至于能力的培养则是无关轻重的事情。这是他们重视机械技术、自然科学知识的道理所在。

2. 教学设计（重点）【12广西师范 15天大 17山西师大 内师 18云师 19西南民族 20山西师范】

教学设计是根据课程标准的要求和教学对象的特点，将教学诸要素有序安排，确定合适的教学方案的设想和计划。教学设计一般包括教学目标、教学重难点、教学方法、教学步骤与时间分配等环节。

教学设计具有以下特征：

第一，教学设计是把教学原理转化为教学材料和教学活动的计划。教学设计要遵循教学过程的基本规律，选择教学目标，以解决教什么的问题。

第二，教学设计是实现教学目标的计划性和决策性活动。教学设计以计划和布局安排的形式，对怎样才能达到教学目标进行创造性的决策，以解决怎样教的问题。

第三，教学设计是以系统方法为指导。教学设计把教学各要素看成一个系统，分析教学问题和需求，确立解决的程序纲要，使教学效果最优化。

第四，教学设计是提高学习者获得知识、技能的效率和兴趣的技术过程。教学设计是教育技术的组成部分，它的功能在于运用系统方法设计教学过程，使之成为一种具有操作性的程序。

第九章　教学

知识框架

- 教学
  - 教学方法
    - 教学方法概述
      - 相关概念
      - 教学方法的选择
        - 教学方法、教学方式、教学手段、教学模式、教学策略
    - 中小学常用的教学方法
      - 讲授法、谈话法、读书指导法、练习法、演示法、实验法、实习作业法、讨论法、研究法
  - 教学组织形式
    - 教学组织形式的概述
      - 个别教学制、班级上课制、分组教学制
      - 特朗普制、道尔顿制、导生制
    - 教学的基本组织形式与辅助组织形式
    - 教学工作的基本环节
      - 备课
      - 上课
      - 课后的教导工作
      - 教学评价
  - 教学评价
    - 概述
    - 教学评价的原则与方法
      - 教学评价的原则
      - 教学评价的方法
      - 学生学业成绩的评价
      - 教师教学工作的评价

第一节　教学方法（重点）

一、教学方法概述

（一）教学方法及相关概念

1. 教学方法（重点）

教学方法是为完成教学任务而采用的方法。它包括教师教的方法和学生学的方法，是教师引导学生掌握知识技能、获得身心发展而共同活动的方法。其主要特性如下。

（1）目的性

教学方法产生于实现教学目的、完成教学任务或解决教学问题的活动之中，为目的、任务服务，并受其制约，为了解决不同的教学目的与任务，产生了不同的教学方法。在没有文字的原始社会里，教学的方法主要是模仿和传说；在文字产生后的古代社会里，才可能提出诵读、讲解、问答等教学方法；在生产与科学比较发达的社会里，教学需要用演示、实验、练习、创作与设计等方法；在社会飞速发展的今天，教学必然要倡导探究、发现的方法，运用电脑、网络与多媒体等现代技术和采用有助于激发学生主动性、创造性的方法。

（2）双边性

教学是由教与学两方面统一组成的双边活动，因而教学方法也具有双边性。它既包括教师的教，也包括学生的学，二者只有在共同的目的指引下，默契配合、相互作用，才能确保教学任务高质量地完成。

题目： 教学方法　**易考题型：** 名词解释
已考学校： 13 华南 14 北航 15 曲师 17 上师大 18 北师 中南民族 杭师 13/17/19 哈师 广东技师

2. 教学方式（重点）【名词解释】

教学方式有广义与狭义之分。狭义的教学方式常常是指构成教学方法运用的细节或形式。例如，教师在教学过程中运用讲授法，可以采取提问与解答（自问自答）的方式讲，也可以采取演绎或归纳的方式讲。广义的教学方式外延很广，包括教学方法和教学形式，甚至涉及教学内容的组合与安排。例如，我们可以说教学活动都要以一定的教学方式进行，这里所指的教学方式的外延就非常广泛、丰富而不确定。

3. 教学手段（重点）【14 哈师】【名词解释】

教学手段是指为完成教学任务，配合某种教学方法而采用的器具、资料与设施。可以是视听，也可以是实践活动，现在以多媒体为主。运用各种教学手段能使教学联系实际、生动活泼，更好地调动学生的学习积极性。它的范围很广，主要有：教学用书、教学资料、直观教具、现代化教学手段以及专用教室等。

4. 教学模式（重点）

教学模式是指在一定教学思想或教学理论指导下建立起来的较为稳定的教学活动结构框架和活动程序。教学模式既是教学理论的具体化，又是教学经验的一种系统概括。它具有为完成一定任务而活动的方法特性，也属于方法范畴。但教学模式又不同于单一因素的某种方法，它是在一定理念指导下的多种方法的特定组合，因而它既有其简约的理念特征，又有其可照着做的实践特性，是理论与实际相结合的产物或结晶。所以，教学模式在教学中起着单一的教学方法所难以起到的具体而明确的引导和示范作用。

题目：教学模式 **易考题型：**名词解释

已考学校：12 华东 辽师 13/15 安师 13 天师 广西师大 闽南 14 杭师 陕师 15 哈师 15/18 苏大 17 西安外 聊城 18 沈师

5. 教学策略（重点）

教学策略是指为达成教学的目的与任务，组织与调控教学活动而进行的谋划。教学策略具有目的性、个人的主观性、能动性、选择性以及调控性。教学策略的提出与思考，有助于教师在进行教学之前对教学任务、内容及其完成的主客观条件，做全面、总体的思考与决策，有利于发挥教师的主导作用和提高教学质量。教学策略的敲定，并非一切问题都解决了，实施所采取的策略还有许多具体的工作要做，包括充实、调整教学内容，组织安排具体的途径、方法、顺序，开展多样化的活动等。

题目：教学策略 **易考题型：**名词解释

已考学校：10 浙师 安师 重师 山师 渤海 浙师 11 江苏师大 天师 徐师 15 西华 内师 16 广东技术 16/17 延安大学 17 浙大 首师 19 西北师大 海洋 云师 上师 江西师大 20 温大

（二）教学方法的选择（选看）【10 湖大 18/19 天师】【简答题】

现代教学对教学方法的要求日益提高，提倡以系统的观点为指导来选择和使用教学方法和教学手段，以便优化教学，提高教学质量。主要依据如下。

1. 学科的任务、内容和教学法特点，课题（或单元）与课时的教学目的和任务。
2. 教学过程、教学原则和班级上课的特点。
3. 学生的兴趣、水平、智能的发展与个别差异、独立思考能力、学习态度、学风与习惯。
4. 教师的思想与业务水平、实际经验与能力、教学的习惯与特长。
5. 学生参与教学过程中的问答、讨论、作业、评析的积极性与水平。
6. 师与生双边活动的配合、互动的状况与质量。
7. 班、组活动与个人活动结合的状况，课堂教学、课外作业或课外活动结合的状况与质量。
8. 学校与地方可能提供的物质与仪器设备、社会条件、自然环境等。

9. 学科、单元、课题乃至每节课所规定的课时，其他可利用的时间，如早晚、自习等。

10. 对可能取得的成效的缜密预计与意外状况出现时的应变措施。

常言道："教学有法，但无定法。"又说："运用之妙，存乎一心。"教学方法的选择与运用，既要讲科学与规范，又要重艺术与创新。教师在选择教学方法时，要在时间条件允许的情况下，最大限度地运用和发挥教学环境条件的功能与作用。

二、中小学常用的教学方法（重点）

我国中小学常用的教学方法有：讲授法、谈话法、读书指导法、练习法、演示法、实验法、实习作业法、讨论法、研究法。

【背诵口诀】讲谈读练演，实实讨研。

（一）讲授法

讲授法是教师通过语言系统地向学生传授科学文化知识，并促进他们的智能与品德发展的方法。讲授是教学的一种主要方法，运用其他方法，都需要配合适当的讲授。传统的教学，往往重教师讲授与分析的一面，忽视学生思考与领悟的一面，很少考虑学生的感受，严重影响教学质量。讲授法可分讲读、讲述、讲解和讲演四种。

讲授法的基本要求如下。

1. 精练讲授内容。注重科学性、思想性、启发性、趣味性，使学生掌握准确的概念、原理。

2. 注重讲授的策略与方式。应针对任务、内容做深入具体的研究与决策。

3. 讲究语言艺术。力求语言清晰、准确、简练、形象、条理清楚、通俗易懂；讲授的音量、速度要适度，注意抑扬顿挫；以姿势辅助说话，提高语言的感染力。

（二）谈话法

谈话法是通过师生问答、对话的形式来引导学生思考、探究，以获取或巩固知识，促进学生智能发展的方法，亦叫问答法。谈话法特别有助于激发学生的思维，调动学生的积极性，培养他们的独立思考、与人交往及语言表述的能力。

谈话法的基本要求如下。

1. 要准备好谈话计划。善于引导学生从一个问题过渡到另一个问题，以实现教学目的。

2. 要善问。向学生提出的问题要明确、有趣味、有挑战性，能激活与深化学生的思考。

3. 要善于启发诱导。让学生探究问题或矛盾所在，循循善诱，一步一步去获取新知。

4. 要做好归纳、小结。当问题基本解决时，教师要及时归纳或小结，使学生的知识系统化、科学化，注重纠正一些不正确的认识，帮助他们准确地掌握知识。

（三）读书指导法

读书指导法是教师指导学生通过阅读教科书、参考书以获取或巩固知识的方法。学生掌握书本知识有赖于教师的讲授，但终究还须靠他们自己去阅读、领会才能消化、巩固、加深和扩充知识。读书指导法包括指导学生预习、复习、阅读参考书、自学教材等。

读书指导法的基本要求如下。

1. 提出明确的目的、要求和思考题。让学生自主掌握学习的方向、要求，主动去实现。
2. 教给学生读书的方法。
3. 善于在读书中发现问题和解决问题。朱熹说得好："读书无疑者，须教有疑。有疑者却要无疑，到这里方是长进。"
4. 适当组织学生交流读书心得。在个人阅读基础上，适当组织学生开展讨论，培养读书的兴趣爱好。

（四）练习法

练习法是学生在教师指导下运用知识去反复完成一定的操作、作业与习题，以加深理解和形成技能技巧的方法。练习的目的是学以致用，加深理解，形成技能、技巧，培养解决实际问题的初步能力。练习是教学的一种基本方法。练习的种类很多，有口头练习、书面练习、实际操作练习、模仿性练习、独立性练习、创造性练习。

练习法的基本要求如下。

1. 提高练习的自觉性。只有明确目的、掌握原理，才能提高练习的自觉性，保证练习的质量。
2. 循序渐进、逐步提高。引导学生由易到难，逐步提高其掌握原理与技能的理解与熟练度。
3. 严格要求。无论是口头、书面练习或动作练习，都要求学生一丝不苟、精益求精。

（五）演示法

演示法是教师通过展示实物、直观教具、实验或播放有关教学内容的软件、特制的课件，使学生认识事物、获得知识或巩固知识的方法。演示的特点在于加强教学的可观察性。随着教学手段的现代化，演示的作用日益重要。教师可以根据教学的需要，自己制作直观教具、课件。

演示法的基本要求如下。

1. 要根据教学需要，选择典型的实物、教具，放大或用色彩显示要认真观察的部分，还要考虑好演示的方法与过程。
2. 让学生知道看什么、怎样看，主动投入观察与思考。
3. 要紧密配合教学，过早拿出直观教具、演示完不及时收好教具，都会分散学生注意力；演示过程中，要适当提问、指点，引导学生边看边思考，以获取最佳效果。

（六）实验法

实验法是在教师指导下学生运用一定的仪器设备进行独立作业，观察事物的特性，探求其发展和变化规律，以获得知识和技能、培养科学精神的方法。实验法的优点在于它能按教学需要创造和控制一定的条件，引起事物的发生和变化，使学生看到事物的因果联系，不仅有助于学生理论联系实际，掌握实验操作技能，还能培养学生科学实验的兴趣和求实精神。

实验法的基本要求如下。

1. 做好实验的准备。制订好实验计划；备好实验用品，分好实验小组；让学生做好预习。

2. 明确实验的目的、要求与做法。让学生懂得实验的原理、过程、方法和注意事项，提醒学生注意安全和爱护仪器，提高学生实验的自觉性。

3. 注意指导实验过程。要巡视全班实验情况，发现问题要及时向全班学生做指导，或组织经验交流。

4. 做好实验小结。指出实验优缺点，分析问题产生的原因，提出改进意见，布置学生写好实验报告。

（七）实习作业法

实习作业法是学生在教师指导下进行的学科实践活动，以培养学生专业操作能力的方法。如数学的实地测量、地理的地形测绘、生物的植物栽培和动物饲养等，都是有价值的实习作业。它的实践性、独立性、创造性都很强，能培养学生独立工作和实践的能力与品质。

实习作业法的基本要求如下。

1. 做好实习作业的准备。教师要制订计划、确定地点、准备仪器、编好实习作业小组。

2. 做好实习作业的动员。使学生明确实习作业的目的、任务、注意事项，提高自觉性。

3. 做好实习作业过程中的指导。要认真巡视，掌握全面情况，发现问题和经验，及时进行辅导与交流，以保证质量。

4. 做好实习作业总结。由个人或小组写出全面或专题的总结，以巩固收获。

（八）讨论法

讨论法是学生在教师指导下为解决某个问题而进行探讨、评析，以辨明是非、获取真知、锻炼思维和独立思考能力的方法。近年来，许多教师的实践经验证明，在小学高年级尤其是中学，对一些重要问题，如基本概念和原理问题、人物性格与主题思想问题、令人关注的各种生活问题、思想认识问题、社会问题等，结合教学开展讨论，十分必要。

讨论法的基本要求如下。

1. 讨论的问题要有吸引力。能激起他们的兴趣，有讨论、辨析的价值。

2. 要善于对学生进行启发、引导。要鼓励他们独立思考，勇于发表个人见解，把大家的注意力集中到争论的焦点上，向纵深发展，使问题逐步得到深化、解决，切忌暗示问题的结论。

3. 做好讨论小结。讨论结束前，教师要简要概括讨论情况，使学生获得正确的观点和系统的知识，并肯定学生的独立思考，允许保留个人的质疑。

（九）研究法

研究法是学生在教师的指导下通过独立的探索，创造性地解决问题、获取知识和发展科研能力的方法。研究法突出的优点是，能使学生在研究和解决问题过程中受到较大的锻炼和提高，初步掌握研究的方法与发展分析问题、解决问题的能力和追求真知的科学精神。

研究法的基本要求如下。

1. 正确选定研究课题。课题应当有一定难度和研究价值。

2. 提供必要的条件。包括仪器、药品、图书资料、工具以及其他必要的条件。

3. 让学生独立思考与探索。应以学生为主体，教师适当给予指导，让每个学生都受到锻炼。

4. 循序渐进、因材施教。一般要从半独立研究逐步过渡到独立研究，从单一问题的研究过渡到复杂问题的研究，从参与局部的研究过渡到较全面的研究。

1. 题目：中小学常用的教学方法 **易考题型：**简答题、论述题

已考学校：13 华南 15 曲师 西北师大 北航 17 上师 15/17 中央民大 17 广西师范 18 北师 郑州大学 13/14/15 江西师大 20 湖北

2. 题目：讲授法 **易考题型：**名词解释、简答题、论述题

已考学校：10 聊大 10/12/16 华中 13 中央民大 湖南科技 中南大学 14 杭师 14/17 陕师 17 赣南师大 南师 郑州大学 湖大 18 广西师大 广西师范学院 19 山西 江西师大 20 杭师

3. 题目：谈话法 **易考题型：**名词解释、简答题、论述题

已考学校：13 西北 14 山西大学 15 哈师 17 华中

4. 题目：读书指导法 **易考题型：**名词解释、简答题、论述题

已考学校：16 南师 19 扬大 20 江苏师范大学

5. 题目：演示法 **易考题型：**名词解释、简答题、论述题

已考学校：10 安师 16 哈师 19 青岛大学

6. 题目：实习作业法 **易考题型：**名词解释、简答题、论述题

已考学校：11 哈师 15 淮北

7. 题目：讨论法 **易考题型：**名词解释、简答题、论述题

已考学校：10 青岛大学 12 福师 14 哈师 18 华东 19 河北大学

第二节 教学组织形式（重点）

一、教学组织形式概述（重点）

教学组织形式是指为完成特定的教学任务，教师和学生按一定要求组合起来进行活动的结构。教学组织形式不是固定不变的，它随着社会政治经济和科学文化的发展，对所培养人才要求的提高也会不断改进。今天，我国学校的教学以班级上课制为基本组织形式。

（一）个别教学制

个别教学制是教师面对个别或少数学生进行教学的一种教育组织形式。在个别教学中，每个学生所学的内容和进度可以有所不同，教师对每个学生教的方法和要求也有所区别，自然每个学生学习的成效各不一样，甚至差距极大。

个别教学最显著的优点在于：教师能够根据每个学生的特点包括天赋、接受能力和努力程度而因材施教，加强教学的针对性，比较充分地发展每个学生的潜能、特长和个性。其缺点在于采用个别教学，使得办学规模小、速度慢、效率低。

（二）班级上课制

班级上课制是教学的基本组织形式，是一种集体教学形式。它把一定数量的学生按年龄与知识程度编成固定的班级，根据周课表和作息时间表，安排教师有计划地给全班学生上课，分别学习所设置的各门课程。在班级上课制中，同一个班的每个学生的学习内容与进度必须一致，开设的各门课程，特别是在中学，应由不同专业的教师分别担任。

其主要优点如下：（1）形成了严格的教学制度；（2）以课为单位科学地组织教学，比较科学；（3）便于系统地传授各科的系统科学知识；（4）能充分发挥教师的主导作用；（5）能促进学生的社会化与个性化。

其主要缺点如下：（1）学生的主体地位或独立性受到一定的限制；（2）实践性不强，学生动手机会少；（3）探索性、创造性不易发挥；（4）难以照顾学生的个别差异，强调的是统一、齐步走；（5）不能容纳和适应更多种的教学内容和方法。

（三）分组教学制

分组教学是指按学生的能力或学习成绩把他们分为水平不同的组进行教学。分组教学的类型主要有能力分组和作业分组。能力分组，是根据学生的能力发展水平来分组教学的，各组课程相同，学习年限则各不相同。作业分组，是根据学生的特点和意愿来分组教学的，各组学习年限相同，课程则各有不同。

分组教学还可以分为内部分组与外部分组两种形式。内部分组是在传统的按年龄编班前提下，根据学生能力或学习成绩发展变化情况来分组教学，外部分组则打破传统的年龄编班，按学生的能力或学习成绩的差别来分组教学。分组教学的优点在于：它比班级上课更切合学生个人的水平和特点，便于因材施教，有利于人才的培养。其缺点在于：（1）很难科学地鉴别学生的能力和水平；（2）在分组教学上，学生、家长和教师的意愿常常与学校的要求相矛盾；（3）分组后造成的副作用很大，往往使快班学生骄傲，慢班学生学习积极性降低。

（四）特朗普制

特朗普制，又称“灵活的课程表”，是20世纪后半叶在美国一些学校进行实验的一种教学组织形式，由教育学教授劳伊德·特朗普提出。其基本做法是，把大班上课、小班讨论、个别作业三种教学组织形式结合起来。首先是大班上课，把两个或两个以上的平行班合在一起上课，应用现代化教学手段，由最优秀的教师任教；然后是小班讨论研究，每个小班20个人左右，由教师或优秀学生负责，研究和讨论大班上课的材料，最后是个别作业，其中部分作业由教师指定，部分作业由学生自选，以此促进学生的个性发展。这三种形式的时间分配大致为：大班上课占40%，小班研究讨论占20%，个别作业占40%。这种教学组织有利于培养学生的思维能力、自学能力、合作能力，也便于充分发挥优秀师资的力量，提高教学的效益和质量。

（五）道尔顿制

道尔顿制是美国进步主义教育家帕克赫斯特针对班级授课制的弊端创建的一种个别教学制度。道尔顿制又称“道尔顿计划”，主要内容包括以下几点：

（1）在学校里废除课堂教学，废除课程表和年级制，代之以“公约”或合同式的学习。

（2）将各教室改为各科作业室或实验室，按学科的性质陈列参考用书和实验仪器，供学生学习之用。各作业室配有该科教师一人负责指导学生。

（3）用“表格法”来了解学生的学习进度，既可增强学生的学习动力，也可使学生的管理简单化。

【评价】道尔顿制的两个重要原则是自由和合作。要使儿童自由学习，允许他们根据自己的需要安排学习，养成独立工作的能力。它还强调师生之间、学生之间的合作，以培养学生的社会意识，由教师和学生分别记录学习进度，进度快的可以提前更换公约，并缩短毕业年限。20 世纪 20 年代道尔顿制在许多国家产生了较大的影响，当然它也存在以下弊端：过于强调个别差异；对教师要求过高，在实施时易导致放任自流；将教室完全改为实验室也不切合实际。

（六）导生制

导生制又称贝尔—兰开斯特制，由英国传教士贝尔和兰开斯特所创。其目的是解决师资匮乏的问题。教师先在学生中选择一些年龄较大、学习成绩好的学生充任导生，教师先对导生进行教学，然后由他们去教其他的学生。采用这种教学方法，学生数量大大增加，一定程度上缓解了师资匮乏的压力，因此一度受到人们的欢迎，在英国风行 30 余年，并流传到法、德、美、瑞士等国家。但采用这种方法，不可避免地造成教育质量的下降，因此最终被人们抛弃。

1. 题目：教学组织形式 **易考题型：**名词解释

已考学校：10 山西师大 10/11 聊大 12 安师 14 川师 15 扬大 海洋 河南 闽南 16 海南师大 17 海洋 哈师 19 山西师大

2. 题目：教学组织形式的类型 **易考题型：**简答题、论述题

已考学校：12 中南大学 14/15 北航 14 陕师 14/15 川师 15 浙师 16 海南 19 山东师大

3. 题目：个别教学制 **易考题型：**名词解释、简答题

已考学校：18 赣南师大

4. 题目：班级上课制 **易考题型：**名词解释、简答题、论述题

已考学校：10 江苏师大 辽师 10/12 聊城 10/16/17/18 杭师 10/16 西北师大 11 鲁东 11/16 华东 10/11/19 南京师大 12/14/16 西华 12 中山 北航 13 中南大学 曲师 天师 13/15/16/19 哈师 13/14 重师 13/17 河南 14 延安大学 14/16 西南 14/15 川师 14/19 福师 15 苏州 14/16/17 北师 13/16 东北师大

16山西大学 吉林 深大 陕师 贵师16/18扬大17温大 河北大学11/15/16/18江西师大18上师 沈师 齐齐哈尔 江汉 淮北19福师 淮北 宁夏大学 西外 天大20沈阳师大 云南大学 江苏大学 聊大 北师 哈师 贵师

5. 题目：分组教学制 **易考题型：**名词解释、简答题

已考学校：11/12华中13/18中央民大16鲁东18民族19天津大学

6. 题目：特朗普制 **易考题型：**名词解释

已考学校：18江苏大学 杭师

7. 题目：道尔顿制 **易考题型：**名词解释

已考学校：11北师15杭师18/19江苏大学19苏大

8. 题目：导生制 **易考题型：**名词解释

已考学校：19浙师20福师 江苏师范 聊大

二、教学的基本组织形式与辅助组织形式（重点）

（一）教学的基本组织形式（可结合外教史夸美纽斯部分班级授课制记忆）

班级上课制是教学的基本组织形式，是一种集体教学形式。它把一定数量的学生按年龄与知识程度编成固定的班级，根据周课表和作息时间表，安排教师有计划地向全班学生上课，分别学习所设置的各门课程。在班级上课制中，同一个班的每个学生的学习内容与进度必须一致，开设的各门课程，特别是在中学，应由不同专业的教师分别担任。

其主要优点如下。

1. 形成了严格的教学制度

如按年龄、知识编班实行分级制度，每班人数以40 ~ 50名为建制；实行学年、学期、学周制度；制定招生、考试、升留级、毕业制度；建立作息制度和课堂常规等。它使教学科学化、标准化、现代化，保证教学活动正常运转，达到一定质量。

2. 以课为单位科学地组织教学，比较科学

以45分钟左右为一节课，以周课表方式，分年级、分班科学地安排各科教学活动。每节课必须完成一定质量的知识技能教学，上完一节课，休息约10分钟，再进行下一节课，劳逸结合。这样使一个班乃至全校的各科教学都能按周课表、作息时间表有条不紊地进行下去，符合学生身心发展规律，保证学生能精力旺盛地学习。

3. 便于系统地传授各科的系统科学知识

班级上课制能以周课表方式科学地安排各科教学，使之有条不紊地交错进行，确保学生循序渐进地学习和掌握各学科的系统科学知识，完成预订的教学计划。这也有力地促进了教师专业化的发展。

4. 能充分发挥教师的主导作用

各国教学实践反复证明，班级上课制最能充分发挥教师在教学中的主导作用。它不仅能

够有效地使学生掌握系统的科学知识与技能，而且能通过加强因材施教、个别指导和学生独立作业，弥补其难以照顾学生个别差异的缺陷。

5. **能促进学生的社会化与个性化**

班级上课使一个班的学生长期在一起学习、交往、生活，形成了互爱、互尊、互助、民主平等、和谐亲密的人际关系，过着既丰富多彩又制度化的班级生活，有力地促进来学生的社会化，这已被世人所公认。然而，班级上课也能使他们更好地个性化，学生只有在班级的学习与交往中，才能使各自的个性与特长得到最充分的历练与发展。

其主要缺点如下：（1）学生的主体地位或独立性受到一定的限制；（2）实践性不强，学生动手机会少；（3）探索性、创造性不易发挥；（4）难以照顾学生的个别差异，强调的是统一，齐步走；（5）不能容纳和适应更多种的教学内容和方法。

题目：教学的基本组织形式是什么　**易考题型：**简答题、论述题

已考学校：10 聊师 青岛 徐师 10/14/17 杭师 11/16 华东 11/15/16/18 江西师大 13/16 东师 13 河南师大 14/15 川师 14/16 西南 14 天大 14/16 福师 15/18 浙师 15 苏大 16 陕师 西北 贵师 13/16 重师 14/16/17 北师 16/17 哈师 18 浙师 江苏师大 上师 沈师 扬大 20 东师

（二）教学的辅助形式

现代教学，除了班级上课外，还要采用多种辅助的教学组织形式，以巩固、加深和补充课堂教学的知识，弥补班级上课在照顾学生个别差异、进行因材施教方面之不足。教学的辅助形式主要有：作业、参观、讲座、辅导等。

1. **作业**

作业指学生在课外或在家中独立完成由教师布置的，为理解、掌握知识与技能而进行的学习或练习任务。又称课外作业或家庭作业。它是教学重要的不可或缺的辅助形式。

2. **参观**

参观是指根据一定的教学目的组织学生到一定的现场，通过对实际事物或活动进行观察、询问，以获取知识的教学活动形式。

3. **讲座**

讲座是由教师或请有关专家不定期地向学生讲授与学科有关的科学趣闻或新的发展，以扩大他们的知识面的一种教学活动形式。讲座具有多方面的意义：能扩大学生知识面，激发学生的科学兴趣；能活跃学校的学术气氛，养成良好的学风与校风。

4. **辅导**

辅导是根据学生的需要，由教师给予指引的一种教辅形式。它包括对学生做必要的启发、诱导、示范；解答他们的疑难，指出他们存在的问题、原因及改正办法；使他们能正确掌握和运用知识与技能，使之系统化、深化；便于有针对性地因材施教、个别指导。

三、教学工作的基本环节（重点）

上课是教学的主要工作。为了上好课，课前，教师必须备好课，学生也要做好相应的准备或预习；为了巩固和发展课堂教学成果，课后，教师还要辅以其他教学形式；为了保证教学有效地运行与改进，教师还必须适时地对其进行评价。它包括备课、上课、课后教导工作和教学评价等教学的基本环节。

（一）备课

学期伊始，教师首先必须编制好学期教学进度计划、课题计划与课时计划。

上好课必先备好课。备课应做好下述主要工作。

1. **钻研教材**。教师首先要认真钻研课程标准，明确学科的性质与教学的特点，所教部分内容的要点与要求；再着重钻研教科书，厘清基础知识、基本概念和基本技能，重点与难点，然后思考启发、探究的路线和师生互动的方式；还要查阅参考书与相关资料。

2. **了解学生**。包括了解学生现有的知识技能的质量，有何优点与缺陷；他们的兴趣、欲求、需要与思想状况；他们的学习特点和习惯等。

3. **设计教学**。即根据教材的内容与要求、学生的状况，结合教师个人的智慧、才能和客观条件，对如何引导学生学习新课的活动做出全面系统的设计。

（二）上课

提高教学质量的关键是上好课。怎样才能上好每一堂课呢？无疑，必须以现代教学理念为指导，遵循教学规律，全面贯彻教学原则，善于科学而灵活地运用各种教学方法。此外，还要注意下述要求：

1. 明确教学目的，这是上好一堂课的前提

教学目的既包括探求知识、发展能力的目的，也包括培养思想情操与审美的目的。它不仅应在教案中明确，而且应在课堂教学过程中落实，使师生的双边活动围绕教学目的进行，成为师生为之奋斗的目标。

2. 保证教学的科学性与思想性，这是上好一堂课的基本质量要求

在科学性上，教师要准确无误地向学生传授知识，引导他们进行操作，及时纠正学生在学习中的种种差错，以掌握学科的基础知识和基本技能。在思想性上，要深入发掘教材的内在思想性，让学生深受启迪、震撼或认同、共鸣，确实有所提高。

3. 调动学生的学习积极性，这是上好一堂课的内在动力

上课时，教师要千方百计地调动和爱护学生的积极性，注重尊重、爱护学生，民主平等地对待学生；在教学过程中，要随时关注教学的内容、探讨的方式与深度、运用的方法等是否能激发学生的求知欲、主动性，使教学真正成为师生双向互动的活动。

4. 解决学生的疑难，促进他们的发展，这是上好一堂课的关键

学生掌握知识、技能，是在解决疑难、纠正差错的过程中一步步前进的。有经验的教师，莫不重视通过向学生提问，或让他们到黑板上解题等方式，来暴露学生在理解和运用知识中存在的问题，并有意引发不同的看法和争论，然后加以解决。

5. 组织好教学活动，这是上好一堂课的保障

整个课的进行，要有高度的计划性，严密地组织好教学活动。上课开始，要立即稳定情绪，引导学生做好听课的心理准备，随即积极投入学习活动。然后，按预定的教学进程，什么时候讲，什么时候练等，都要组织得非常妥当，严密有序。

6. 布置好课外作业

下课前，要讲明作业的要求、完成的时限，对较难作业做必要的提示。切忌下课后，匆匆布置作业，以免学生因不明确作业的要求而影响作业的质量和完成。

（三）课后的教导工作

课后，教学活动并未停止，只是改变了活动的方式，学生转入以独立作业和自主学习为主的各种学习活动，教师则围绕学生的独立作业和自学进行各种课后的辅导。

1. 做好学生的思想教育工作

为了使学生做好作业，首先要重视做好思想教育工作。它包括以下几方面：①培养学生计划学习、及时复习当日功课、按时完成作业的习惯；②经常教育和督促学生，抓紧学习，防止怠惰与松懈；③了解学生作业的情况；④与家长共同协商督促与教育学生的办法。

2. 做好对学生学习的辅导和帮助工作

这项工作包括由教师对学生进行集体或个别的辅导与补课；借助家长或优秀学生，对学习困难的学生给予必要的帮助；发挥课代表的作用，及时向同学提醒作业的要求，了解他们的需求，并与任课教师联系、研究，设法给予帮助；组织同学之间的经验交流和优秀作业的传阅。

（四）教学评价

学业考评是教学效果的反馈环节，是教学评价的重要组成部分。其实质就是判断学生的学业是否达到或在何种程度上达到了教学目标的要求。学业考评包括两方面：一是检查与评定学生的学习效果；二是分析评价教师上课的效果。学业考评基本要求是：按时检查；认真批改；仔细评定；及时反馈；重点辅导。

题目：教学工作的基本环节　**易考题型：**简答题、论述题

已考学校：10/11/12 华中 11 中南大学 闽南 12 延边大学 13/14 西华 13 广西师大 沈师 14/19 吉师 15 东北师大 16 天师 集美 15/17 华南 11/17 哈师 11 赣师 17/18 西外 18 广东技术 宁夏大学 湖大 云师 20 浙师 河南师大

第三节　教学评价（重点）【14 西南】

一、教学评价概述（重点）

（一）教学评价的概念

教学评价是对教学工作质量所做的测量、分析和评定。它以参与教学活动的教师、学生、教学目标、内容、方法、教学设备、场地和时间等因素的优化组合的过程和效果为评价对象，是对教学活动的整体功能的评价。教学评价是实现教学目的的一个重要手段，它是为了解、诊断、评定、调整与提高教学质量服务的。它包括学生学业成绩的评价、教师教学质量的评价、课程的评价。

题目：教学评价　**易考题型：**名词解释

已考学校：10 安师　徐师 11/15 沈师 11/15/19 辽师 12 江西师大 13 华东 10/14 扬大 13/15 杭师 15 东师 17 山东师大 13/17 天大 18 川师　河南师大 19 华南　曲师　西北师大 10/13/15/19 福师 20 宝鸡文理

（二）教学评价的意义【简答题】【福师】

教学评价具有多方面的意义。对学校来说，可以记载和积累学生学习情况的资料，定期向家长报告他们子女的成绩，并作为学生升学、留级和能否毕业的依据；对教师来说，可以及时了解学生的学习情况和获得教学效果的反馈信息，以分析自己教学的优缺点，更好地提高教学水平；对学生来说，可以及时得到学习效果的反馈信息，明确自己学习中的长处与不足，从中受到激励与警示，以扬长避短；对领导来说，可以了解每个教师、每个班的教学情况，便于发现问题与总结经验，以改进教学；对家长来说，可以了解子女的学习情况及其变化，以便配合学校进行教育。教学评价最重要的作用在于运用它来探明、改善和提高教学活动本身的功能。

（三）教学评价的种类【简答题】

根据不同的标准，可以对教学评价进行不同的分类，常见的分类有以下三种。

1. 根据评价在教学过程中的作用不同，可分为诊断性评价、形成性评价和总结性评价

（1）诊断性评价是在学期教学开始或单元教学开始时，对学生现有的知识水平、能力发展的评价。它包括各种摸底考试，了解学生学习困难之所在的考试，以弄清学生已有的知识和能力发展情况，学习上的特点、优点与不足之处。其目的是更好地组织后续新授课的教学内容和改进教学方法，以便对症下药、因材施教。

（2）形成性评价是在教学进程中对学生的知识掌握和能力发展比较经常而及时的测评与反馈。它包括在一节课或一个课题教学中，对学生的口头提问、课堂作业（解题）与评议以及书面测验等，使教师与学生都能及时获得反馈信息。其目的是更好地促进学生的学习与发展，以改进教学过程，提高质量，而不强调成绩的评定。

（3）总结性评价是在一个大的学习阶段，如一个学期或一门学科终结时，对学生学习成果进行的较正规的、制度化的考查、考试及其成绩的全面评定，也称终结性评价。其目的是给学生评定成绩。

2. 根据评价所运用的方法和标准不同，可分为相对性评价和绝对性评价

（1）相对性评价【14 徐师 17 中央民大 18 辽师】

它是用常模参照性测验对学生成绩进行的评定，依据学生个人的成绩在该班学生成绩序列中或常模中所处的位置来评价和决定他的成绩优劣，而不考虑他是否达到教学目标的要求。故相对性评价也称常模参照性评价。

（2）绝对性评价【19 福师】

它是用目标参照性测验对学生成绩进行评定，依据教学目标和教材编制试题来测量学生的学业成绩，判断学生是否达到了教学目标的要求，而不以评定学生之间的差别为目的。故绝对性评价也称目标参照性评价。它宜用于升级考试、毕业考试、合格考试，不适用于甄选人才。

3. 根据评价的主体不同，可分为教师评价和学生自我评价

（1）教师评价

主要是指任课教师与班主任对学生的学习状况与成果进行的各种评价。这种评价不仅包括教学中正式的提问、作业、测验、考试及其成绩评定，还包括教师在同学生广泛接触中，特别是在学习与作业的个别辅导、答疑和谈话中，对学生不拘一格地进行评价。这种评价有其特点：一是广泛性；二是针对性；三是互动性，不限于师对生的评价，也可以相互交流与磋商。

（2）学生自我评价

它是指在教师的引导下学生对自己的作业、试卷、其他学习成果进行的自我评价。学生学会自我评价具有重要的意义。这意味着他们开始懂得了要有意识地、细心而严格地检验自己的学习成果，分析其正误、优劣，悉心改进。特别是学生有了自我评价的意识和习惯后，就会更加重视教师、同学对自己的评价，更有助于提高自我学习与反思的动力与质量。

1. 题目：教学评价的种类 **易考题型：**简答题

已考学校：11 首师 辽师 13 福师 14 扬大 18 广西师范 20 西安外国语

2. 题目：诊断性评价、形成性评价、总结性评价 **易考题型：**名词解释

已考学校：11 北师 12 青岛 13/16 福师 15/17 南师 16 苏大 17 华东 18 合肥师大 18 中国海洋 内师 19 中央民大 鲁东 青岛大学 深大 20 福师 青岛大学

3. 题目：相对性评价、绝对性评价 **易考题型：**名词解释、简答题

已考学校：18 赣南师大 20 辽师

4. 题目：班级上课制 **易考题型：**名词解释、简答题、论述题

已考学校：10 江苏师大 辽师 10/12 聊城 10/16/17/18 杭师 10/16 西北师大 11 鲁东 11/16 华东 10/11/19 南京师大 12/14/16 西华 12 中山 北航 13 中南大学 曲师 天师 13/15/16/19 哈师 13/14 重师 13/17 河南 14 延安大学 14/16 西南 14/15 川师 14/19 福师 15 苏州 14/16/17 北师 13/16 东北师大 16 山西大学 吉林 深大 陕师 贵师 16/18 扬大 17 温大 河北大学 11/15/16/18 江西师大 18 上师 沈师 齐齐哈尔 江汉 淮北 19 福师 淮北 宁夏大学 西外 天大

5. 题目：分组教学制 **易考题型：**名词解释、简答题

已考学校：11/12 华中 13/18 中央民大 16 鲁东 18 民族 19 天津大学

6. 题目：特朗普制 **易考题型：**名词解释

已考学校：18 江苏大学、杭师

7. 题目：道尔顿制 **易考题型：**名词解释

已考学校：11 北师 15 杭师 18/19 江苏大学 19 苏大

二、教学评价的原则与方法（重点）

（一）教学评价的原则

1. 客观性原则

教学评价要客观公正、科学合理，切实反映教师的教学质量和学生的学业水平，不能掺杂个人情感，不能主观臆断，这样才能使人信服。客观性是教学评价能否发挥其功能的基础，违反客观性就会丧失评价的意义。教学评价的客观性，不仅与评价的目标和方法是否科学有关，还与评价者的心理因素密切相关。为了提高评价的客观性，在评定中应注重反复明确标准、适当分工、流水评卷与复查。

2. 发展性原则

教学评价应着眼于学生学习成绩的进步与能力的发展，着眼于教师的教学改进和能力提高，以调动师生的积极性，提高教学质量。要贯彻发展性原则，必须用全面的、发展的、辩证的观点评价教学工作，反对用静止的、片面的观点把某一次评价的结果作为定论。

3. 指导性原则

教学评价应在指出师生的长处与不足的基础上提出建设性意见，以便他们扬长避短，不断前进。所以，教学评价应重视经常给师生以教学效果的反馈信息，指引并激励其前进；否则，就可能使师生陷入盲目性，或夸大自己的优点而骄傲自满，或遇到问题而丧失信心。

4. 计划性原则

教学评价必须紧密配合教学工作有计划地进行，科学地控制各科教学评价的次数及总量并做出合理的安排，避免评价过多或过于集中，使教师和学生负担过重。贯彻计划性原则，必须杜绝评价的盲目性。有计划地开展教学评价是使每一门学科的教学如期有序进行的保证。为了使教学评价真正起到促进教师的教和学生的学的作用，教学评价必须经常化、制度化。

题目：教学评价的原则　易考题型：简答题
已考学校：10福师 11陕师 12上师 15福师 16鲁东 17深大 渤海大学

（二）教学评价的方法

1. 观察法

观察法是直接认知被评价者行为的最好方法。它适用于在教学中评价那些不易量化的行为表现和技艺性的成绩。但被观察者若知道他被人观察时，他的行为便会不同于平常，观察的结果就不完全可靠；再者，观察的精确化问题也较难解决。为了提高观察的可靠性与精确度，一方面应使观察经常化，并记一些学生的行为日志或轶事报告，使评价所根据的资料更全面；另一方面可采用等级量表，力求观察精确。

2. 测验法

测验主要以笔试进行，是考核、测定学生成绩的基本方法。它适用于对学生学习文化科学知识的成绩进行评定。

其优点是能在同一时间，用同一试卷测验众多的对象，收集大量可供比较研究的资料。不仅简便易行，而且结果也较可靠，故历来受到各国重视。但它难于测定学生的智力、能力和行为技能的水平。

（1）测验的质量指标主要有：信度、效度、难度与区分度。

（2）常用的种类测验有：论文式测验、客观性测验、问题情境测验和标准化测验。

3. 调查法

调查法是通过谈话、问卷、查阅文献资料等多种手段，收集评价信息的一种方法，主要用以调查事实情况，征求意见，了解思想动态倾向等。在开展调查活动时，要求目的明确，准备工作充分，如制问卷表、列谈话提纲等。由于调查易带主观性，掌握的情况也可能不全面，其结果常有误差，因此对调查的资料要认真分析，并且只能将其作为一种辅助方法。

4. 自我评价法

自我评价法指的是被评价者按照一定的评价指标体系，进行自我评价，以达到相应的评价目的。在教学评价中，自我评价十分重要，它可以帮助学生更好地理解教学目标，正确评价自己，从而自觉改进学习。

题目：教学评价的方法　易考题型：简答题
已考学校：14/15北航 19西北师大

（三）学生学业成绩的评价（了解）【17安师】

1. 教学目标在学生学业成绩评价中的作用

教学目标规定了通过教学应当使学生达到掌握一定知识、技能和发展一定能力、品质的要求，因而教学目标是评价学生学业成绩优劣的唯一质量标准。这个目标应有如下的结构和内容。

(1)在结构上，根据现代研究成果看，科学的教学目标即评价目标，应当包括知识、技能、情感态度三方面。

(2)在内容上，教学目标的要求应当逐步具体化，从每门学科的教学目标落实到单元、课题的教学目标，最后到每节课的教学目标。

2. 中小学的考试制度

我国中小学的考试制度，主要由考查和考试两个部分组成。

(1)考查

指对学生的学习情况和成绩进行的一种经常性的小规模的检查与评定。可以由教师制订计划、时间、命题及答案，并做出评定。其目的是使师生都能及时获得反馈信息，以便改进教学。考查有口头提问、检查书面作业和书面测验等形式。

(2)考试

考试是对学生学业成绩进行的阶段性或总结性的检查与评定。它通常有期中考试、学期考试、学年考试、毕业考试等。考试应当停课进行，并预先公布考试科目的顺序、时间，适当组织复习，让学生考出自己的水平。考试由学校或上一级教育行政部门组织。

(四)教师教学工作的评价【15 山西师大 17 安师】【简答题】

1. 评教的意义

评教是对教师教学的质量分析和评价。它对教学工作具有重要意义，可以使教师更清楚地了解教学中的长处与不足，以增进教师之间的相互了解、相互促进；可以使学校领导深入第一线，探究教学的经验与问题，以提高教师的水平和改进教学。所以，不仅要重评学(学生的学习质量)，更要重评教，使二者相结合，才能有效地提高教学质量。

2. 评教的要求

评教除了要遵循客观性、发展性、指导性和计划性等一般教学评价的原则外，还需要注意以下要求：

(1)要重视分析教师的教学质量，而不是评价他的专业水平

二者有联系，但又有严格区别。教学质量与教师的专业水平有关，更与他的教学态度、经验、方法及改革精神相关。不应以对教师专业水平的评价来代替对他教学水平的评价。

(2)根据学生的成绩来评价教师的教学质量

教学质量的高低，归根结底决定于学生的学习效果和学习成绩。如果一位教师所教学生的平均成绩在同年级或校级的统一考试中落后，那么很难肯定这位教师的教学效果好、水平高。相反，如果一位教师所教学生在历次统一考试包括升学考试中，所获平均成绩总是处于明显优势，则应充分肯定他的教学效果好、水平高，应当总结其教学经验。

(3)注意教学的系统性与完整性

教学是系统连续进行的。无论一学期或是一单元、课题的教学，教师都有整体设想。这些设想及效果不可能在一两节课中体现。故评教不能只凭听两节课的印象便得出评价结论，至少要听完一个课题的课。

3. 教学的几种水平

根据现代教学理论的研究，教学可分为三种水平：记忆水平、理解水平和探索水平。教学发展的几种水平，是诊断和评价教学的重要依据。

（1）记忆水平

这是一种低水平的教学。它的主要特点是：教师老是照本宣科、一味灌输，不会引导、启发，学生则停滞在死记硬背、机械掌握、一知半解上，不能保证教学质量。

（2）理解水平

它的主要特点是：教师认真详细地讲解教学内容，学生通过认真听讲、思考与练习，基本上能理解和运用所学知识技能，完成教学任务。但这种水平的教学，重教而不重学，重教师主导作用而不重发挥学生主动性，重教师讲解、学生理解而不重学生独立思考与探索。

（3）探索水平

这是教学的较高境界。它的主要特点是：教师注重引导、启发、讲解、示范；善于提出发人深思、能挑战学生智慧的问题；善于激励学生积极思考，充分发挥他们的主动性、创造性，不断引导学生的探究走向深入，在激烈的思想碰撞与论争中发挥个人的聪明才智，攻克难关，获取真知，让师生分享教学的乐趣与甜头。

4. 评教的方法

（1）分析法

分析法是根据一定教学目的或标准来评析教师教学质量的方法。评课，通常用分析法。虽然分析一节课可以采用各种标准，但只要是根据一定标准对课做出定性的分析，用的就是分析法。用分析法评教的标准，可以依据教学论的要求，也可以结合实际需要做些修改，自主决定。

（2）记分法

记分法是通过量化的分项记分来评价教师教学质量的方法，近年来逐渐盛行。它先将教学的整体分为若干项，并规定每项的分数和评分标准，要求评价者分项记分，再得出被评教师教学成绩的总分。然后根据分数高低显示出每位教师教学的名次、等级。

总之，上述两种方法各有优缺点，应根据需要选用，使其相互补充，才能获得较好的效果。

【常考超纲知识点汇总】

测验的质量指标主要有：信度、效度、难度与区分度

信度：信度指测验结果的可靠程度。如果一个测验在反复使用（如对同样对象多次进行）或以不同方式使用（如换成等值试题进行）都能得出大致相同的可靠结果，那么这个测验的信度就较高；否

小米学姐

则，信度就较低。信度是测验的必要条件。

效度：指测验能够达到测验目的的程度，即是否能测出它所要测出的目标。不能离开特定的目标，笼统地判断这个测验是否有效。要知道，一种对某个目标有效的测验方法，对其他目标不一定有效。例如，论文式测验，对测定学生的智能水平效度高，而对测定学生的知识面则效度低；客观性测验宜于判明学生的知识掌握情况，不宜测定他们的能力发展水平。

难度：指测验包含的试题难易程度。试题过难或过易都不能准确测出学生真实成绩，所以，一份试卷既要有较难的题，又要有较易的题，做到难度合适。

区分度：指测验对考生的不同水平能够区分的程度。区分度与难度有关，只有在试卷中包含有不同难度的试题，才能提高区分度，拉开考生得分的差距，使水平高的得分高，水平低的得分低。

第十章 德育

复习提示

本章主要讲述了德育方面的内容，包括德育的概念、学校德育的基本内容、德育过程、德育原则、德育方法、德育途径等。这部分知识属于教育实践的范畴，是教育学原理部分比较重要的一章，在考研中可以与教育心理学中的“社会规范学习与品德发展”结合起来进行考查。在复习时考生应该做到熟记德育的概念，掌握德育过程、德育原则、德育方法、德育途径都包括哪些内容，每项内容具体指的是什么，做到熟练掌握。

知识框架

- 德育
  - 德育
    - 概念
    - 特点
    - 功能
    - 任务和内容
  - 德育过程
    - 德育过程是教师引导下学生能动的道德活动过程
    - 德育过程是培养学生知情信意行的过程
    - 德育过程是提高学生自我教育能力的过程
  - 德育原则
    - 理论和生活相结合原则
    - 疏导原则
    - 长善救失原则
    - 严格要求与尊重学生相结合原则
    - 因材施教原则
    - 在集体中进行教育原则
    - 教育影响一致性和连贯性原则
  - 德育途径
    - 思想政治课与其他学科教学
    - 劳动和其他社会实践
    - 课外活动与校外活动
    - 学校共青团、少先队活动
    - 心理咨询
    - 班主任工作
    - 校园生活
  - 德育方法 —— 说服、榜样、锻炼、修养、陶冶、奖惩、制度

第一节　德育（重点）

一、德育的概念

德育的概念有广义和狭义之分。广义的德育包括道德教育、思想教育、政治教育和法制教育这四方面。即教育者根据一定社会或阶级的要求，有目的、有计划、有组织地对受教育者施加思想教育和道德影响，通过受教育者积极的认识、体验和身体力行，以形成他们的道德和自我修养能力的教育活动。简言之，德育就是教师有目的地培养学生品德的活动。狭义的德育专指道德教育，即教育者按照一定社会和阶级的道德要求，有目的、有计划、系统地对受教育者施加道德影响，培养道德素质，使得他们具有正确的道德观念、道德情感和道德意志，在思想上和行动上，不断提高他们的道德境界。

题目：德育　**易考题型：**名词解释

已考学校：10/15 福师 12 浙师　内师 13/15/16/17/18 华南 14 江西　天大 12/14/18 哈师 15 杭师　上师　河南师大　中央民大 16 山西师大　东师 17 辽师 11/15/18 西北师大 18 中南民族　西华　聊城 19 北师　广西师大 20 哈师

二、德育的特点【13 福师】【名词解释、简答题】

作为全面发展教育有机组成部分之一的德育，具有自己的特点。

1. 德育旨在培养学生的道德信念和人生观，形成学生的道德行为习惯，主要属于伦理领域。

2. 德育要解决的矛盾主要不是求真，不是学生对事物的知与不知，以回答世界是什么的问题；而是求善、知善、行善，回答世界应该是什么的问题。德育的主旨不是要求学生把握社会实践的物的尺度，体现“知识就是力量”，而是要求学生把握社会实践的人的尺度，体现“人道就是力量”。

3. 品德是个性素质结构的重要因素，在个性素质结构中起着价值定向的作用。学校应当把学生培养成德才兼备的人，让学生具备良好的品德，能为社会发展做出有效贡献，实现其人生价值和人生理想。

三、德育的功能【12 山师 13 陕师 聊城】【简答题】

德育与社会发展及个体的人生密切相关。德育有其独特和重要的功能。德育功能是德育理论与实践的核心问题之一。学校德育的功能可以概括地表述为德育的社会性功能、个体性功能和教育性功能三个主要方面。

（一）德育的社会功能

德育的社会功能指的是德育能够在何种程度上对社会发挥何种性质的作用。具体说来，主要指学校德育对社会政治、经济、文化等发生影响的政治功能、经济功能、文化功能等。德育是社会主义现代化建设的重要条件和保证。德育是精神文明建设的重要组成部分，同时又贯穿于物质文明和民主政治的建设之中。

（二）德育的个体功能

德育的社会功能是指德育对社会发展所能发挥的客观作用，德育的个体功能则是指德育对受教育者个体发展能够产生的实际影响。德育的个体功能可以描述为德育对个体生存、发展、享用发生影响这三方面。其中享用性功能是德育个体功能的最高境界。

（三）德育的教育功能

德育的教育功能是指德育具有“教育性”。它有两大含义：一是德育的“教育”或价值属性；二是指德育作为教育子系统对平行系统的作用。

四、德育的任务和内容【10 聊大 青岛大学 首师 19 天师】【简答题】

德育任务是指学校德育要实现的目标，它是对德育活动结果的期望。德育内容是指用什么样的道德规范和人生观、价值观、世界观等来培养学生。德育任务与德育内容是紧密联系的：一方面，它们根据国家和时代的需要来确定；另一方面，它们也受到学生年龄特征与品德发展水平的制约。

（一）现阶段我国中小学德育的任务【15 湖师】

1. 逐步提高学生的道德修养能力，形成社会主义和共产主义的道德观

即有目的、有计划地引导学生掌握社会主义理论和道德规范，自觉地身体力行，在社会生活的实践中不断积累经验，逐步提高分辨是非、善恶、美丑、荣辱及遵照道德规范行为的能力，逐步形成基本的社会主义道德观点、信念，为培养正确的人生观和科学世界观打下基础。

2. 培养学生坚定的政治立场和高尚的道德情操

即引导学生在道德认识和实践活动中，激发出道德需要，形成正确的道德价值观，培养爱憎分明的政治态度、坚定的政治立场和高尚的道德情操，使他们对履行和捍卫社会主义道德富有责任感、义务感、使命感。

3. 养成学生良好的道德行为习惯

即引导学生进行实际的道德锻炼和规范行为的训练，不仅要使他们能自觉地运用社会主义道德规范调节自己的行为，而且要使他们的道德行为在反复的实践活动中达到自动化的程度，即形成道德行为的自觉习惯。

（二）中小学德育的内容【15 湖师】【简答题】

我国学校德育内容是多方面的，并且随着社会发展提出的新要求在不断变化。中小学德育的基本内容主要有以下几方面：爱国主义教育；革命理想和革命传统教育；集体主义教育；劳动教育；民主、纪律与法制教育；人道主义和社会公德教育；正确人生观和科学世界观教育。德育的内容具体规定了学生发展的政治方向和应该掌握的思想观点和道德规范，是进行德育教育的依据，是完成德育任务和实现德育目的的重要保证。它有两个层次：一是德育的现实性，二是德育的理想性。我国德育的内容是依据我国教育目的和教育任务确定的，主要包括道德教育、思想教育、政治教育和法制教育。

道德教育：主要以共产主义、社会主义道德理想为基础，培养学生良好的道德品质和行为习惯。思想教育：引导学生树立正确的世界观、人生观。在我国，要引导学生逐步掌握辩证唯物主义和历史唯物主义的基本观点，使其形成科学的世界观和人生观。政治教育：注重对学生政治理想、政治立场和态度的培养，主要培养学生对社会主义祖国、中国共产党、劳动人民和集体的积极情感和态度，塑造社会主义事业的建设者和接班人。法制教育：对学生进行民主、纪律与法制的教育，培养学生民主意识与参与意识，掌握法律常识，遵纪守法。

第二节　德育过程（重点）

德育过程是学生在教师的引导下，主动积极地进行道德认识和道德实践，逐步提高自我修养能力，形成个人品德的过程。

一、德育过程是教师引导下学生能动的道德活动过程

（一）学生品德的发展是在与环境的相互作用中能动地实现的

青少年在吸收社会和教育影响的活动中，不完全是被影响被教育的对象，而是能动地吸收与选择环境的主体，因为他们逐渐有自己的生活经验、价值观念和思想倾向，都有自己的考虑和选择，外界的影响首先通过学生自己内部思想情感活动，然后做出自己的判断和选择。也就是说，外界的影响只有通过学生内部的思想情感活动，才能被他们所理解、选择，成为他们自己的观点、需要和追求，这样社会影响才能转化为学生个人的品德。

（二）道德活动是促进德育要求转化为学生品德的基础

品德的发展只能在学生与外在社会相互作用的活动中实现，而不可能在他们处于静态中进行；而道德活动则是促进德育影响转化为学生品德的基础。德育活动必须从学生的生活实际出发，密切联系学生的生活实际和思想实际，把德育过程组织成为引导学生能动进行的活动过程。

（三）进行德育要善于组织，指导学生的活动

这些活动应当包括两方面：一是学生的学习、劳动、工作、社会服务、文娱和体育等外显的实际活动；二是学生在思想情感上进行的内部心理活动。由于人的心理活动是外部世界的反映，所以一般来说，在德育过程中，首先要组织好学生的各种表现为外部行为的实际的教育活动，以便启迪、激发和引导他们积极开展内部心理活动，促进他们思想认识的提高和品德的发展。

二、德育过程是培养学生知情信意行的过程

德育过程是培养学生品德的过程，而学生的品德包含了知情信意行五个要素，所以德育过程也是培养学生知情信意行的过程。知：即道德认知。情：即道德情感。信：即道德信念。意：即道德意志。行：即道德行为。

（一）德育要有全面性，促进知情信意行的和谐发展

开展德育活动时，应该注意全面性，兼顾知情信意行各要素，不能厚此薄彼，有所偏废。我们对学生应该晓之以理、动之以情、导之以行、持之以恒，使学生品德中的知情信意行五者相辅相成、全面而和谐地得到发展，不可把它们割裂，以致对某些因素有所偏废，损害了其整体功能。

（二）德育具有多开端性，要具体问题具体分析

在品德的发展过程中，知情信意行五个因素的发展往往是不平衡的，有的在先，有的在后；有的快，有的慢；有的较稳定，有的反复。而且，每个学生品德发展的具体情况也存在个别差异，表现出来的品德面貌或品德问题不尽相同。这就要求针对品德结构中诸因素发展不平衡的状况，灵活处理，有的放矢，因材施教。

（三）德育要有针对性，对知情信意行采取不同的方式方法

道德的知情信意行各有不同的特点，对它们的培养不能一概而论，应该采取不同的方式、方法来进行。例如，学生道德认识的获得与提高，可以通过讲解、阅读、谈话与讨论等方法来实现，但是，用这些方法来培养学生的情感和信念则多半难收成效。而培养情感和信念必须通过交往、关爱、沟通、熏陶与震撼等方式，才能使学生的认同、感动、感激或崇敬之情油然而生。学生只有经过连续不断地培育与感悟，他们的感情才会深厚，信念才会坚定。

三、德育过程是提高学生自我教育能力的过程

在德育过程中，要引导学生的活动与交往，培养他们的知情信意行和促进他们品德发展内部矛盾的转化，都有赖于提高和发挥学生个人的自觉能动性和自我教育能力。

（一）自我教育能力在德育过程中的作用

随着学生年龄和才智的增长，他们个人的自觉能动性及其在德育上的主要体现——自我教育能力，在他们自身品德的发展与提高上起着越来越重要的作用。一方面，自我教育能力是德育的一个重要条件；另一方面，学生的自我教育能力又是学生品德发展过程的重要标志。德育的任务就在于把青少年学生从缺乏道德经验与能力、依赖性较强的孩子逐步培养成为具有自我教育能力的、能独立自主地待人接物的道德主体。

（二）自我教育能力的主要特点与构成要素

自我教育能力主要包括自我期望能力、自我评价能力和自我调控能力。自我期望是自我教育的内在目的和内在动力。自我评价能力是进行自我教育的认识基础，个人只有能够认识

和评价自己的思想与行为时，他才能进行自我教育；他越能正确评价自己，就越能明确自我教育的目标与要求，有效地进行自我教育。自我调控能力是在自我评价的基础上建立起来的自觉控制自己思想与行为的能力。

（三）德育要促进自我教育能力的发展

儿童的自我教育能力的发展是有规律的。儿童的自我意识与自我教育能力的发展大致是从“自我为中心”发展到“他律”，又从“他律”发展到“自律”，再从“自律”走向“自由”。如果我们能遵循这一规律性，从实际出发，因势利导，提高学生的自我期望、自我评价和自我调控能力。那么，便能够在德育过程中更好地调动学生的积极性，充分发挥他们在培养自身品德中的主体作用。

1. **题目：**德育过程　**易考题型：**名词解释

已考学校：11 北航 11/15 沈师 12/17 聊城 12/16/18 上师 14 河南师大 华东 15 天师 17 渤海大学 18 山西大学 闽南 淮北 19 扬大 20 江西师大 云南大学

2. **题目：**德育过程的特点　**易考题型：**简答题、论述题

已考学校：12 辽师 13/14 苏大 15 江西师大 西华 16 天师 南师 17 哈师 12/14 川师 17 云师 18 曲师 14/18 鲁东 20 天师

3. **题目：**德育过程是教师引导下学生能动的道德活动过程　**易考题型：**简答题、论述题

已考学校：14 扬大 15 华东 华中 16 河南 17 江西师大

4. **题目：**德育过程是培养学生知情信意行的过程　**易考题型：**简答题、论述题

已考学校：10/14 沈师 11 渤海大学 12 内师 12/14 杭师 13 安师 15 北师 16 湖南科技 华中 17 西华 13/19 辽师 20 鲁东 湖南理工 华中 辽师

5. **题目：**德育过程是提高学生自我教育能力的过程　**易考题型：**简答题、论述题

已考学校：11 福师 山西师大 12 北师 河北大学 10/16 辽师 17 河南 18 广东技术师范 20 福师 广东技术师范

第三节　德育原则（重点）

德育原则是教师对学生进行德育应该遵循的基本要求。它以个体品德发展规律和社会发展要求为依据，概括了德育实践的宝贵经验，反映了德育过程的规律性。

现阶段我国学校的德育原则主要有：理论和生活相结合原则，疏导原则，长善救失原则，严格要求与尊重学生相结合原则，因材施教原则，在集体中进行教育原则，教育影响一致性和连贯性原则等。

【背诵口诀】“李叔肠炎因在教”。

一、理论和生活相结合原则【13 北师】

理论和生活相结合原则是指进行德育要以学生的现实生活为基点，联系学生生活，引导学生把思想政治观念和社会道德规范的学习同参与生活实践结合起来，把提高道德思想境界与养成道德行为习惯结合起来，做到心口如一，言行一致。

贯彻理论和生活相结合原则的基本要求如下。

（一）理论学习要结合实际，切实提高学生的思想

思想认识是行为的先导。在德育中，以一定的道德观念和思想政治理论教育学生是必要的。道德源于生活，品德在生活中生成，并不意味着拒斥理论学习。但理论的教育与学习必须以学生的实际生活为基点，同学生的实际生活相联系。

（二）注重实践，培养道德行为习惯

德育要以生活为基础，要寓于经常的活动与交往。德育的理论学习要见诸行动，要注重引导学生的实际活动与交往。

二、疏导原则

疏导原则是指进行德育要循循善诱、以理服人，从提高学生认识入手，调动学生的主动性，使他们积极向上。疏导原则也称为循循善诱原则。

贯彻疏导原则的基本要求如下。

（一）讲明道理、疏通思想

对青少年进行德育，要注重摆事实、讲道理，做深入细致的思想工作，启发他们自觉认识问题，自觉履行道德规范。

（二）因势利导、循循善诱

青少年学生活泼爱动、精力旺盛，要善于把学生的积极性和志趣引导到正确方向上来。

（三）以表扬、激励为主，坚持正面教育

青少年学生积极向上，有自尊心、荣誉感；但往往有孩子气，不能正确认识社会和人生问题。教师要给以启示，坚持正面教育，对他们表现出的积极性和微小的进步，都要注意肯定，多加赞许、表扬和激励，引导他们步步向前，以培养他们的优良品德。

【背诵口诀】“讲通因循表面”

分别对应：讲通——讲明道理、疏通思想；因循——因势利导、循循善诱；表面——以表扬激励为主，坚持正面教育。

三、长善救失原则

长善救失原则是指进行德育要调动学生自我教育的积极性，依靠和发扬他们自身的积极因素去克服品德上的消极因素，促进他们的道德成长。

贯彻长善救失原则的基本要求如下。

（一）“一分为二”地看待学生

正确了解和评价学生是正确教育学生的前提。有的教师不能有效地教育学生，往往是因为不能以“一分为二”和发展的观点看待学生。对学生既要看到积极的一面，也要看到消极的一面；既要看他们过去的表现，也要看后来的变化和现时的表现。

（二）发扬积极因素，克服消极因素

全面深入地了解学生，引导他们自觉地巩固发扬自身优点来抑制和克服自身的缺点，才能养成良好的品德，获得长足的进步。

（三）引导学生自觉评价自己，进行自我教育

引导学生长善救失，固然需要教师起主导作用，但主要靠学生自我教育、自觉发扬优点来克服缺点。

【背诵口诀】“一发子弹”

分别对应：一——一分为二；发——发扬积极因素，克服消极因素；子（自）——自我教育。

四、严格要求与尊重学生相结合原则

严格要求与尊重学生相结合原则是指进行德育要把对学生思想和行为的严格要求与对他们个人的尊重和信赖结合起来，使教育者对学生的影响与要求易于转化为学生的品德。

贯彻严格要求与尊重学生相结合原则的基本要求如下：

（一）尊重和信赖学生

尊重、呵护与信赖学生是一个优秀教师必须具备的基本品德。

（二）严格要求学生

教师向学生提出的教育要求应当是正确的、简明的、有计划的、积极的和严格的。

五、因材施教原则

因材施教原则是指进行德育要从学生品德发展的实际出发，根据他们的年龄特征和个性差异进行不同的教育，使每个学生的品德都能得到最大限度的发展。

贯彻因材施教原则的基本要求如下：。

（一）深入了解学生的个性特点和内心世界

这是进行德育的前提和基础，也是因材施教的前提和基础。

（二）根据学生个性特点有的放矢地进行教育

由于学生个人都有自己的生活环境，因而对他们的教育必须有的放矢，采用不同的内容和方法来因材施教。

（三）根据学生的年龄特征有计划地进行教育

学生思想认识与品德的发展有明显的年龄特征，因而进行德育有必要研究和弄清每个年级学生的思想特点。

六、在集体中教育原则【11华东16沈师】

在集体中教育原则是指进行德育有赖于学生的社会交往、共同活动，注意依靠学生集体，通过社会交往和集体活动进行教育，充分发挥学生集体在教育中的巨大作用。

贯彻在集体中教育原则的基本要求如下。

（一）引导学生关心、热爱集体，为建设良好的集体而努力

我们只有掌握了每个年级学生的年龄特征和学生的思想特点，才能对中学德育做整体规划、系统安排，以保证德育切合学生实际、具有连贯性和巩固性。

（二）通过集体教育学生个人，通过学生个人转变影响集体

要发挥集体的教育作用，首先在于教师要把集体当作教育的主体。其次，在集体中教育，也要注意把学生个人当作主体，通过学生个人来影响集体。最后，更为重要的，通过集体教育学生，在于引导学生多种形式地组织大家乐于参与的有创意的有教育价值的共同活动。

（三）把教师的主导作用与集体的教育力量结合起来

充分发挥集体的教育力量，并不否定教师对集体培养的主导作用。恰恰相反，我们要时时刻刻地运用我们的思想和经验、我们的机智和意志去分析集体中各种各样的现象、希望、倾向，并且用忠告、影响、意见有时甚至用我们的意志来帮助集体。

七、教育影响一致性和连贯性原则

教育影响一致性和连贯性原则是指进行德育应当有目的、有计划地把来自各方面对学生的教育影响加以组织、调节、整合，使其互相配合、协调一致、前后连贯地进行，以保障学生的品德能按教育目的的要求发展。

贯彻教育影响一致性和连贯性原则的基本要求如下。

（一）组建教师集体，使校内教育影响一致

首先，全校教职员工应当明确对学生进行德育的目的、任务和学生应遵循的行为准则及要求，使对学生的德育工作步调一致地开展起来。其次，应当分工协作、互通情况，定期研究、协同一致地解决学生思想品德发展中存在的主要问题。

（二）做好衔接工作，使对学生的教育前后连贯和一致

德育要做好衔接工作，包括做好小学与初中、初中与高中以及学期之间的思想教育衔接工作；做好班主任和教师因工作调换而产生的衔接工作。

（三）正确认识和发挥学校教育的主导作用，使学校、家庭和社会各方面对学生的教育影响达到最佳状态

首先，学校应与家庭和社会的有关机构建立和保持联系，形成一定的教育协作制度；其

次，要及时或定期地交流情况，制定互相配合的举措；再次，要分工负责，控制和消除环境中对学生不良的自发影响；最后，要引导学生在多种多样甚至相互冲突的影响中，学会独立思考、明辨是非，以锻炼和提升学生的自我修养能力。

1. 题目：德育原则 **易考题型：**名词解释

已考学校：12 沈阳 山西师大 12/18 渤海 13 江苏 14 鲁东 15 贵师 16 闽南 18 天师

2. 题目：德育原则有哪些 **易考题型：**简答题、论述题

已考学校：12 沈师 北航 山西师大 13 徐师 14 河北大学 15 海南师大 湖北大学 16 深大 17 辽师 南师 广东技术 天师 17/18 天师 18 渤海 贵师 郑州大学 19 青岛 大理大学 聊城 江苏师大 20 吉师 宝鸡文理

3. 题目：疏导原则 **易考题型：**简答题、论述题

已考学校：11 北师 14/19 江苏师大 16 中央民大 14 徐师 18 贵师 19 福师 湖南师大 西华

4. 题目：长善救失原则 **易考题型：**简答题、论述题

已考学校：14/18 福师 13 华南 河南师大 闽南 15 安师 17 深大 郑州大学 18 沈师 20 安师 西北师大

5. 题目：严格要求与尊重学生相结合原则 **易考题型：**简答题、论述题

已考学校：10 扬大 11 哈师 12 安师 14 辽师 淮北 15 温大 17 江苏 18 华南 渤海 贵师 华东

6. 题目：因材施教原则 **易考题型：**简答题、论述题

已考学校：11 哈师 闽南 12 天师 延安大学 13 内师 14 东北师大 16 鲁东 18 沈师 19 湖南大学 20 湖南理工

7. 题目：教育影响一致性和连贯性原则 **易考题型：**简答题、论述题

已考学校：11 徐师 江苏师大 13 西华 14 华南 16 杭师 17 上师 18 内师

第四节　德育途径与方法（重点）

一、德育途径

学校的全部生活，学生参与的各种活动和交往，都有德育价值，都是德育的途径。

（一）思想政治课与其他学科教学

思想政治课与其他学科的教学作为学校德育的重要途径，这是有很高的要求与条件的。知识转化为品德需要将知识与学生生活相联系，与学生思想“对话”，以激发学生的道德需要，并用这些道德认识来探寻做人的道理，调节对人、对事应持的态度，并付诸行动。

（二）劳动和其他社会实践

这是学校德育尤其是劳动教育的重要途径。它的特点在于：让学生在做中学，在交往中学。通过劳动和其他社会实践，学生容易对劳动，对科学与技术，对社会现实产生兴趣。有

意义的劳动和社会实践，能够提高学生的责任意识、服务意识，形成学生勤俭、朴实、艰苦、顽强等许多好的品德。

（三）课外活动与校外活动

课外活动不受教学计划的限制，学生可以根据兴趣、爱好自愿选择活动。通过课外活动进行德育，能调动学生的积极性，培养他们的自律能力，形成互助友爱、团结合作、尊重规则等品德。

（四）学校共青团、少先队活动

共青团、少先队是青少年儿童自己的组织。青少年儿童热爱自己的组织，积极参加团队活动，渴望加入团队组织。因而开展团队活动，能激发学生强烈的上进心、荣誉感，使他们能够严于律己，自觉提高思想品德，是德育的重要途径。

（五）心理咨询

心理咨询是培养学生健康心理品质的有效途径。中小学生处于身体的快速变化时期，中学生还面临着升学或择业的压力，易产生一系列生理和心理问题。通过个别谈心、咨询、讲座等多种方式对学生进行心理健康教育，可以帮助学生处理好学习、交往、择业等方面的问题，使他们成为积极向上、心理健康的人。

（六）班主任工作

通过班主任工作，学校不仅能有效地管教学生基层组织和个人，而且能对教育学生的其他途径的活动起协调作用，是学校德育的一个特别重要的途径。

（七）校园生活

校园生活是学生重要的生存方式和生长方式，学生的活动与交往是学生品德发展的基础。我们要推进“素质教育”，一方面要合理减轻学生课业负担，切实改进课堂教学；另一方面还要开展有益的多样的丰富的校园活动与交往。

题目：德育途径有哪些　**易考题型：**简答题

已考学校：12 南师 民大 沈师 14 北师 天师 华中 16 陕师 17 西北师大 海南师大 18 哈师 安师 19 曲师 吉林师大 14/19 内师 20 云南大学

二、德育方法

德育方法是指用来提高学生思想认识，培养学生道德行为习惯，形成完整品德的方法。我国中小学德育的一般方法有：说服、榜样、锻炼、修养、陶冶、奖惩、制度。

（一）说服

说服是通过摆事实、讲道理，使学生提高认识、形成正确观点的方法，要求学生遵守道德规范、养成道德行为。说服包括讲解、谈话、报告、讨论、参观等。

运用说服要注意以下几点要求。

1. **明确目的性**

说服要从学生的实际出发，注重个别特点，针对要解决的问题，有的放矢，启发和触动学生的心灵。

2. **富有知识性、趣味性**

青少年渴求知识，期望更多地了解社会、人生，故说服要注意给学生以知识、理论和观点，使他们受到启示、获得提高。

3. **注意时机**

说服的成效，往往不取决于花多少时间，讲了多少道理，而取决于是否善于捕捉教育的时机，拨动学生的心弦，引起他们的情感共鸣。

4. **以诚待人**

对学生说服，态度要诚恳、深情、语重心长、与人为善。

（二）榜样

榜样法是以他人的高尚品德、模范行为和卓越成就来影响学生品德的方法。在良好的环境里，榜样能给学生以正确方向和巨大动力。但在缺乏正确舆论的地方，榜样的作用则将受到干扰及影响。教师应向学生提供好榜样，主要有四类：历史伟人；现实的英雄模范；优秀教师、家长；优秀学生。

运用榜样示范法要注意以下几点要求。

1. **榜样必须是真实可信的**

选好榜样是学习的前提。从古到今，人们都习惯拔高榜样，甚至编造一些美德故事来美化榜样，这是不可取的。尤其当学生有了自己的判断能力之后，这样做只会令人反感，适得其反。

2. **激起学生对榜样的积极情感**

学生是通过模仿榜样的言行举止来习得其中的道德价值和行为方式的，这种模仿的倾向有赖于学生对榜样的积极情感，没有这种积极情感，模仿的行为是不会产生的。因此，需要引导学生深入了解榜样。

3. **给不同年龄段的学生树立不同的榜样**

中小学时期长达 12 年，跨度大，学生的道德发展也经过了多个不同阶段，要为学生树立不同的榜样。

4. **要注重教师自身的示范作用**

德育的教育效果，在很大程度上取决于教师本人的以身作则。尤其是低年级学生，视教师为说一不二的权威，这就更需要教师加强自身的修养，要求学生做到的，自己一定要先做到。

（三）锻炼

锻炼是有目的地安排学生生活，组织学生进行一定的实际活动与交往以培养他们的良好品德的方法。锻炼包括练习、委托任务和组织活动等。

运用锻炼要注意以下几点要求。

1. 调动学生的主动性

锻炼的主体是学生，只有激发学生的主动性、积极性，使他们内心感到锻炼是有益的、有价值的，他们才能自强不息，自觉严格要求自己，获得最大的锻炼效果。

2. 教师给予适当的指导

有时，学生虽有良好的道德动机，但不善于选择适当的道德行为，特别是当他们碰上复杂的情境时，会在行动上感到困惑，甚至可能出现“好心办坏事”的情况。因此，对学生的道德活动应视学生的能力给予适当的提示、指导，以提升学生的锻炼效果。

3. 坚持严格要求学生

任何一种锻炼，若不严格要求，而是马马虎虎，就会搞形式主义，不可能使学生得到真正的锻炼和提高。有经验的教师都懂得，对学生品德的锻炼贵在一个“严”字，丝毫不能放松。

4. 及时检查并长期坚持

良好的习惯与品德的形成，须经历长期反复的锻炼过程，贵在持之以恒。对学生的锻炼，既要强调自觉，又要注意对他们进行督促、检查，让他们长期坚持下去。

（四）修养

修养是在教师引导下学生经过自觉学习、自我反思和自我行为调节，使自身品德不断完善的一种重要方法。修养包括立志、学习、反思、箴言、慎独等。

运用修养要注意以下几点要求。

1. 培养学生自我修养的兴趣与自觉性

引导学生自我修养，首先要培养学生的情趣，使他们愿意去实践。一个有效的办法是为学生树立学习榜样，比如，介绍历史上和现实中的杰出人物是如何通过“格言”“座右铭”顽强地进行自我修养的，从而使学生景仰、向往，产生修养的冲动并践行。

2. 指导学生掌握修养的标准

学生在正确的思想和榜样引导下，能够选择正确的道德典范和规范、准则来要求自己；但在错误的思想影响下，也可能选择消极的思想言论来调节自己的思绪和行为。我们应当有提高他们分辨是非的能力和自我修养的水平，帮助他们坚持正确标准，克服错误思想。

3. 引导学生积极参加社会实践

指导学生修养绝不可脱离生活、社会，引导他们广泛接触社会生活、积极参加社会活动，从中体验自我修养的必要性及其重大价值，到火热的社会变革中吸取思想营养，在与先进模范人物的接触中获得教益。

（五）陶冶

情境陶冶法是指通过创设良好的教育情境，潜移默化地培养学生品德的方法。它利用暗示原理，让学生通过无意识的心理活动来接受某种影响。它既不向学生传授系统的道德知识，也不对学生提出明确要求，而是寓教育于情境之中，通过按教育要求预先设置的情境来感化与熏陶学生；既没有强制性的措施，也难有立竿见影之功，但对学生有潜移默化的效果，给学生品德发展以深远影响。

运用陶冶要注意以下几点要求。

1. 创设良好的情境

良好的情境是陶冶的条件和工具。要有效地陶冶学生，行不言之教，必先创设良好的情境。作为学校领导要考虑如何创设一个良好的学校环境，班主任则应千方百计地创设一个良好的班级环境，包括学习环境、生活环境、班风、校风等。

2. 与启发引导相结合

为了更有效地发挥情境的陶冶作用，不能只让创设的情境自发地影响学生，还需要教师有意识地引导与启发，使学生感受到情境的美好与可贵，认同、珍惜这种良好的情境，并在自己的身上培养起相应的良好品德与作风。

3. 引导学生参与情境的创设

学生在积极创建美好情境的活动中可以得到锻炼，发挥自主性、创造性，体验到满足、自豪、自尊，更加严格要求自己，他们的品德也会得到更好的陶冶。

（六）奖惩（表扬、奖励与批评、处分）【13 福师】

奖惩是对学生的思想和行为做出评价，包括表扬、奖励和批评、处分两方面。表扬、奖励是对学生的良好思想、行为做出的肯定评价，以引导和促进其品德发展的方法。批评、处分是对学生不良思想、行为做出否定的评价，以帮助他们改正缺点与错误的方法。公正、严明的奖惩，可以帮助学生分清是非、善恶、美丑，认识自己的优点、好处和缺点、错误，明确努力的方向；可以培养学生的荣誉感、羞耻感、道义感，激励他们认真进行自我修养，长善救失，提高个人道德水平和自觉维护社会的道德规范。

表扬与批评是德育常用的方法，一般以表扬为主，批评为辅。二者相辅相成，缺一不可。

（七）制度

制度是指通过构建良好的学校制度来引导规范和培养学生品德的方法。社会制度是人们在生活中有意识地构建的行为规范体系和准则体系，其目的是引导和规范人们的社会行为和社会关系，调整人与人、人与社会之间的利益关系。学校制度对于学校德育，对于学生的道德形成具有重要的意义：（1）学校制度为学生提出了明确的行为规范要求；（2）学校制度为学生规定了特定的价值导向；（3）学校制度为学校建构了合理有序的学校秩序与氛围。

运用制度方法应该注意以下两点要求。

1. 学校制度要合法

学校制定的制度不能与国家法律法规冲突，尤其是不能与《未成年人保护法》这样的法律相矛盾。学校应清楚不合理的规定与制度。

2. 学校制度要合德

学校制定的制度必须是道德的，必须符合时代的伦理精神。提高学校制度德行，至少要注意以下两方面：第一，要让学生参与；第二，发展为主。

总之，上述德育方法各有特点与作用，每种方法都是进行德育所不可缺少的，但又不是万能的，它们之间相互补充、配合，构成了德育方法的完整系统。所以，教师要熟悉全部德育方法，善于机智地、创造性地加以选择和整合运用。至于如何选择德育方法，一般要考虑德育的具体目标、任务、学生的年龄特征和具体教育情境等因素。

1. 题目： 德育方法　**易考题型：** 名词解释

已考学校： 12 扬大 13 鲁东 15 扬大 17 东北师大 18 天大 19 广西民族

2. 题目： 德育方法有哪些　**易考题型：** 简答题、论述题

已考学校： 13 沈师 15 南师 19 闽南 青海 20 陕师

3. 题目： 说服　**易考题型：** 简答题、论述题

已考学校： 13 曲师 17 东师 哈师

4. 题目： 榜样　**易考题型：** 简答题、论述题

已考学校： 10 沈师 11 西南 13/19 哈师 14 云师 16 北师 18 中央民大 19 湖北师范

5. 题目： 锻炼　**易考题型：** 简答题、论述题

已考学校： 10 西北师大 18 哈师 19 安师

6. 题目： 修养　**易考题型：** 简答题、论述题

已考学校： 15 山西师大 湖南科技 15/18 华中

7. 题目： 陶冶　**易考题型：** 简答题、论述题

已考学校： 10 中山 10/11/12 华中 13 杭师 哈师 14 安师 15 湖南科技 天大 16 海洋 18 云师 江苏师大 19 广东技术 20 曲师 温大 哈师

小米学姐

第十一章　班主任

复习提示

提起班主任，大家一定非常熟悉吧？没错，这章节我们要重点学习作为一名合格的教师，还要具备担当班主任的能力哦，因为班主任能力的高低直接关系到整个班集体的优良好坏，对于集体的每个个体，即每位同学影响巨大，所以，不管大家以后走上教师岗位后会不会担当此重任，我们都有必要知道班主任的相关工作。本章就让我们通过班主任工作的概述、班集体的培养以及班主任工作的内容与方法进行我们每个人的“班主任”之旅吧！

知识框架

- **班主任**
  - 班主任
    - 班主任工作的意义与任务
    - 班主任的素质要求
      - 高尚的思想品德
      - 坚定的教育信念
      - 家长的心肠
      - 较强的组织能力
      - 多方面的兴趣与才能
      - 善于待人接物
  - 班集体的培养
    - 班集体的教育功能
    - 班集体与学生集体
    - 班集体的发展阶段
    - 培养集体的方法
    - 做好个别教育工作
  - 班主任工作的内容与方法
    - 了解和研究学生
    - 教导学生学好功课
    - 组织班会活动
    - 组织课外活动、校外活动和指导课余生活
    - 组织学生劳动
    - 通过家访建立家校联系
    - 协调各方面对学生的要求
    - 评定学生的操行
    - 做好班主任工作的计划与总结

第一节 班主任（重点）

一、班主任工作的意义与任务（重点）

（一）班是学校的细胞，既是学校教导工作的基本单位，也是学生学习、活动的基层集体

只有把一个班的学生很好地组织起来进行教学和教育活动，才能使这个班的学生在德、智、体、美等方面得到发展。只有把教育目的和教学计划很好地落实到每个班，才能提高全校的教育质量。

（二）班主任是班的教育者和组织者，是学校领导进行教导工作的得力助手

班主任对一个班的学生工作全面负责，组织学生的活动，协调各方面对学生的要求，对一个班集体的发展起主导作用。

（三）班主任工作的基本任务

依据我国教育目的和学校的教育任务，协调来自各方面对学生的要求与影响，有计划地组织全班学生的教育活动，做好学生的思想教育工作，并对他们的学习、劳动、工作、课外活动和课余生活等全面负责，把班培养成为积极向上的集体，使每个学生在德、智、体、美等方面都得到充分的发展，形成良好的个性。

题目：班主任工作的意义与任务 **易考题型：**名词解释

已考学校：12 渤海大学 西南 山西师大 15 华东 17 山西大学 海南师大 20 云南师范

二、班主任的素质要求（重点）

（一）高尚的思想品德

班主任是学生的教育者、引路人，是他们的学习榜样。班主任应有崇高的品德、饱满的工作热情、坚持不懈的进取精神，言行一致、表里如一，能为人师表。这样班主任才能在学生中树立崇高的威信，给学生以强有力的教育影响。

（二）坚定的教育信念

确信教育的力量，确信每个学生都有优点和才干，都有自己的前途，即使是有某些缺点和错误的学生，只要对他做深入细致的思想教育工作，也能把他转变好。班主任只有确信教育的力量，树立坚定的教育信念，才能在工作中不畏困难，顽强而耐心地工作，收获教育的硕果。

（三）家长的心肠

班主任对待学生要像家长对待孩子一样，集严父与慈母二任于一身。既要无微不至地关怀学生，真诚地爱护学生，与学生彼此信赖、有深厚的情感；又要严格要求学生，对他们的

缺点和错误毫不放过。如果学生感受到班主任对他的深情与期望，那么他将更亲近班主任，并乐于接受教育，从而使班主任在工作中获得更大成效。

（四）较强的组织能力

善于组织学生开展活动是教育学生的重要条件。一个称职的班主任必须善于计划和组织学生的各种活动，善于根据情况的变化迅速做出决定、采取措施、进行调整，在工作中表现出魄力，能令行禁止，坚定地引导学生积极开展活动，不断前进。

（五）多方面的兴趣与才能

青少年学生活泼爱动，每个学生都有自己的兴趣与爱好，因而需要开展各种各样、丰富多彩的活动。这就要求班主任也具有多方面的兴趣与才能。一般来说，性格活泼开朗、兴趣广泛、多才多艺的班主任，与学生有较多的共同语言，易于打成一片，便于开展工作。反之，沉默寡言、不爱活动的班主任则容易脱离学生，难以深入了解和教育学生。

（六）善于待人接物

班主任为了教好学生，要与家长、任课教师、校外辅导员和有关社会人士联系和协作，因而要善于待人接物。事实证明，只有那些善于交往、能团结人的教师，才能更好地协调各方面的教育力量，把班主任工作做好。

【背诵口诀】“私信心力新人”

分别对应：私——思想品德；信——教育信念；心——家长的心肠；力——组织能力；新——兴趣与才能；人——善于待人接物。

题目：班主任的素质要求　**易考题型：**简答题

已考学校：11/16 福师 11/14 闽南 12 沈师 陕师 14 河南师大 15 华东 16 华南 17 扬大 赣南 18 西北师大 19 吉林师大 20 天师

第二节　班集体的培养

一、班集体的教育功能（重点）【11/17 河南 19 宁夏大学】【简答题、论述题】

（一）班集体不仅是教育的对象，而且是教育的巨大力量

这是苏联教育家马卡连柯在长期的教育实践中总结出的宝贵经验。实践证明，进行班主任工作必须注意培养班集体。因为班集体一旦形成，它便能成为教育的主体，具有巨大的教育力量。它能向其成员提出要求，指出努力方向，并通过集体的活动、纪律与舆论来培养其成员的品德。它能紧密地配合班主任开展工作，成为班主任依靠的重要力量。

（二）班集体是促进学生个性发展的一个重要因素

在班集体的各种活动中，一方面，每个学生通过自己的经历和感受，都会积累集体生活的经验，掌握丰富的道德规范，养成社会主义思想品德，更加社会化；另一方面，每个学生都能找到适合于自己的活动、工作和角色，不断发展自己特有的志趣与爱好，更加个性化。

（三）班集体能培养学生的自我教育能力

班集体毕竟是学生自己的集体，有它的组织机构，需要学生学会自己管理自己，自己教育自己，尤其是需要学生自主地制订集体的活动计划，积极地开展各种工作与活动。这无疑能有效锻炼和逐步提高学生的自我教育能力。随着班集体的发展，学生的自我教育能力也能提高到自觉的程度。即使离开班主任的直接领导和监督，班集体也能自觉独立地开展活动和很好地管理自己。要注重发挥班集体的自我教育功能，以便培养和提高学生的自我教育能力。

二、班集体与学生集体（重点）

（一）班集体的概念【13天师 17南师 19宁波大学】【名词解释】

班集体是按照班级授课制的培养目标和教育规范组织起来的，以共同学习活动和直接性人际交往为特征的社会心理共同体。班集体是个以学生亚文化为特征的社会群体，又是一个以教学为中介的共同活动体系，还是一个以直接交往为特征的人际关系系统，也是一个以集体主义价值为导向的社会心理共同体。

（二）学生群体【10安师 12中山 18广州 宁波大学】【名词解释】

1. 正式群体与非正式群体

正式群体是指在校行政、班主任或社会团体的领导下，按一定章程组织起来的学生群体。它通常包括班学生群体、班共青团和少先队等，负责组织开展全班性的活动。此外，在一个班上还有为配合开展班集体活动，完成某一方面的任务而组织起来的学生小组，如班刊编辑小组、学科小组、文体小组、学习小组等，这也是一种正式群体。

非正式群体，是指学生自发形成或组织起来的群体。它包括因兴趣爱好相同、感情融洽，或是邻居、亲友、同学等关系以及因其他需要而形成的学生群体。其类型多种多样。

2. 参照群体

参照群体，是指学生个人乐意把它的目标、标准和规范作为自己的行为动机，调节自己思想和行为的一种群体。通俗地说，参照群体是学生个人心目中向往和崇尚的群体。由于学生选择的和心目中向往的参照群体与他实际参加的正式群体往往不一致，因而给教育工作造成了极为复杂的情况。

三、班集体的发展阶段（重点）【10安师 13陕西 14/17华东师大】

（一）组建阶段

这时，班集体从组织形式上建立起来了。不过班集体的核心和动力是班的组织者——班主任。班主任必须对学生提出明确的集体目的和应当遵守的制度与要求，并引导学生积极开展活动，促进集体的发展。这时集体对班主任有较大的依赖性，不能离开他的监督独立地执行他的要求。如果班主任不注意严格要求，班集体就可能变得松弛、涣散。

（二）核心初步形成阶段

它的特点是，师生之间、同学之间有了一定的了解，产生了一定的友谊与信赖，学生积极分子不断涌现并团结在班主任周围，班的组织与功能较健全，班的核心初步形成，班主任与集体机构一道履行集体的领导与教育职能。班主任开始从直接领导、指挥班的活动，逐步过渡到向他们提出建议，由班干部来组织开展集体的工作与活动。

（三）自主活动阶段

它的特点是，积极分子队伍壮大，学生普遍关心、热爱班集体，能积极承担集体的工作，参加集体的活动，维护集体的荣誉，形成正确的舆论与良好的班风。这时，班集体已形成，它已成为教育的主体，能主动地根据学校和班主任的要求以及班上的情况，自觉地向集体成员提出任务与要求，自主地开展集体活动。

四、培养集体的方法（重点）

（一）确定集体的目标

目标是集体的发展方向和动力。培养集体首先要使集体明确奋斗的目标。集体的目标应当由班主任同班干部或全班同学一道讨论确定。集体的目标一般包括近期的、中期的、远期的。目标的提出应当由易到难，实现一个目标后，立即又提出一个要求更高的目标，以推动集体不断向前发展。

（二）健全组织、培养干部以形成集体核心

培养集体必须注意健全集体的组织与功能，使它能正常开展工作，发挥应有的作用。这里的关键是要做好班干部的选拔与培养工作。班主任对班干部不可偏爱和护短，以免助长他们的缺点、错误，导致干群对立和班的不团结；要教育他们谦虚谨慎，认真负责，不断提高修养水平和工作能力，以身作则，团结全班同学一道前进，充分发挥集体的核心作用。

（三）有计划地开展集体活动

班集体是通过开展集体活动逐步形成起来的，因为只有在为实现集体的共同目标而进行的系列活动中，全班学生才能充分交往、互相了解、建立友谊，为形成集体奠定情感基础；才能健全班的组织机构及其功能，更好地分工协作，把全班同学的积极性都调动起来，形成集体的核心；才能激发出学生的工作责任感和集体主义精神，帮助学生学会正确处理人与人、个人与集体、班与学校、学校与社会之间的关系，形成正确的舆论。

（四）培养正确的舆论和良好的班风

只有在集体中形成了正确的舆论与良好班风，集体才能识别是非、善恶、美丑，扶正抑邪，发扬集体的优点、抵制不良思想作风的侵蚀，才能使集体具有巨大的教育力量，成为教育的主体。这两者是一个坚强集体的重要标志。班主任应经常注意组织学生学习政治理论、道德规范，提高他们的认识；并坚持表扬好人好事，批评不良思想行为，为形成正确舆论打下思想基础。

题目：培养集体的方法 **易考题型：**简答题

已考学校：12 江西师大 11/12/16 华中 13/17 陕师 14/16/19 华东 16/18 西北 17 河南 郑州 18 闽南 佛山科技大学 贵师 19 华东 山西大学 上师 宁夏大学 湖南大学 江西师大 20 青岛大学 西华师范 鲁东 湖南理工 河南师大

五、做好个别教育工作（重点）【17 山西 渤海大学】

个别教育是教师根据学生个人的特点、需要和问题而单独进行的教育，一般包括个别谈心、道德谈话、个别指导、辅导和帮助等。个别教育十分重要，只有教育好每个学生，使每个学生都积极参与班的各种活动，都关心班、热爱班，在参与班组的活动中发挥作用、获得提高，确保没有一个人掉队，才能真正带好一个班，把班建设成为真正的集体。

个别教育工作大致有三方面。

1. 促进学生个人的全面发展、培养典型

班主任应该了解每个学生，善于激励和引导他们积极投身于集体的学习、交往、文体与生活等方面的活动中，与同学互相学习、取长补短，既能发挥个人潜能，又推动集体共同提高。

2. 做好后进生的思想转变工作

后进生一般是指品行差或学习差的学生，他们人数虽少，但其教育工作却十分艰巨而繁重。后进生都有个人的缺点与特点，这是他们落后的根源。只有针对他们的特点和缺点，有的放矢，因材施教，经过深入细致的艰苦工作，才能获得成效。

3. 做好偶发事件中的个别教育工作

在一个班上，不时总会有一些偶发事件。正确地处理偶发事件，无论是对维护纪律或树立正确舆论都关系重大。为了处理好偶发事件，做好个别教育工作，首先，遇事要冷静、沉着、慎重。其次，要注意弄清事情的真相，经过认真研究后才能做出决定。最后，要重教育，要启发学生认识错误，改过自新。

第三节 班主任工作的内容与方法

一、班主任工作的内容与方法（重点）

（一）了解和研究学生

要教育好学生必须要先了解学生，并不断注意研究学生。这是教育学生做好班主任工作的必要条件。了解学生包括个人和集体两方面。个人情况，主要包括德智体美的发展，他的兴趣、爱好、特长等；集体，包括全班学生的年龄、性别、班风，等等。了解和研究学生，要注意全面性、经常性和发展性。

（二）教导学生学好功课

学好功课是学生的主要任务，它对学生的个性全面发展起重大作用，因而教导学生学好功课也是班主任的一项经常性的重要任务。主要应做好下述工作：注意学习目的与态度的教育；加强学习纪律的教育；指导学生改进学习的方法和习惯。

（三）组织班会活动

班会包括班级例会和主题班会。组织班会活动是指班主任根据班主任工作的基本要求以及学校教育计划、班主任工作计划，熟练地确定班会活动方案并有效地指导或组织实施，保证学校教育教学工作正常、有效进行的活动方式。

（四）组织课外活动、校外活动和指导课余生活

课外活动、校外活动和课余生活对培养学生的志趣、才能，丰富学生的生活作用重大，班主任要负责动员和组织工作，进行必要的指导，但也要严格要求学生遵守学校制度和纪律，自觉抵制不良思想风气的侵蚀。

（五）组织学生劳动

班主任在组织学生劳动时需要注意：1. 做好准备工作，这里的准备包括劳动准备、思想准备和组织准备；2. 在劳动过程中，教师要进行教育工作；3. 劳动过后，要进行工作总结，展示班级学生的劳动或成果，表扬学生做得好的地方。

（六）通过家访建立家校联系

家访即教师到学生家里访问，是班主任和任课教师与家长联系的经常性的重要工作，是加强学校教育与家庭教育相结合的重要途径。通过家访，可以更多了解孩子的生活空间；可以发现孩子更多的优点与缺点，教育孩子更加有针对性；还可以争取家长对学校教育工作的理解、支持和配合。

（七）协调各方面对学生的要求

调节和统一校内外各方面对学生的要求，这是有成效地教育学生的重要条件，也是班主任工作的一项重要内容。这项工作包括两方面：1. 统一校内教育者对学生的要求；2. 统一学校与家庭对学生的要求。

（八）评定学生的操行

操行是指学生的思想品德的表现，操行评定就是对学生一年以来的思想品德发展变化的情况的评价。操行评定有利于学生了解自己思想品德的优点与缺点，扬长避短；有利于家长了解自己的子女，更好配合学校加强对子女的教育；有利于班主任和学校更好地了解和教育学生。

（九）做好班主任工作的计划与总结

班主任工作计划的制订和总结，是班级工作不可缺少的环节，是班主任工作达到预定目的的重要保证。计划要全面，目的要明确，条理要清楚，阐述要简练，操作要可行。班主任

工作总结是班级工作过程的最后一个环节，它既是对工作计划执行情况的检查，也是对工作质量的全面评估。

【背诵口诀】“三组织两学生一家访一计划”

分别对应：三组织——组织班会活动，组织课外活动、校外活动和指导课余生活；两学生——协调各方面对学生的要求，评定学生的操行；一家访——通过家访建立家校联系；一计划——做好班主任的计划与总结。

题目：班主任工作的内容与方法 **易考题型**：简答题、论述题

已考学校：12 渤海大学 山西师大 13 鲁东 西华 14 吉林 15 温大 广东技术 16 西北师大 17 华东 中央民大 华中 海南 18 上师 华南 河北师大 19 安庆 闽南 汕头 山西大学 20 浙师

第十二章　教师（全章重点）

复习提示

教师是年青一代的培育者，是传递和传播人类文明的专职人员，是学校教育职能的主要实施者，被推崇为“人类灵魂的工程师”。因此，作为未来的人民教师，不能不认识和了解自己将所从事的职业，积极而有效地扮演教师角色，使教师这一太阳底下最崇高、最优秀的职业散发出更加璀璨的光芒吧！

知识框架

- 教师
  - 教师劳动概述
    - 教师劳动的特点
    - 教师劳动的价值
    - 教师的权利与义务
    - 教师职业的角色扮演
  - 教师的素养即培养
    - 高尚的师德
    - 宽厚的文化素养
    - 专门的教育素养
    - 健康的心理素质
  - 教师的培养与提高
    - 教师的培养与提高的紧迫性
    - 教师个体专业发展的过程
    - 培养和提高教师素养的主要途径
      - 加强和改革师范教育
      - 加强教师在职提高
    - 教师专业发展

第一节 教师劳动概述

一、教师劳动的特点（重点）

（一）教师劳动的复杂性

1. 学生状况的复杂性决定着教师劳动的复杂性

教师劳动的对象主要是发展变化中的生动活泼的青少年学生，是具有能动性的主体。他们既有共同的生理、心理特点，遵循共同的发展规律，又有各自不同的天赋、经历、兴趣爱好和个性特征等，需要教师全面把握他们身心发展的共性、个性，创造性地因材施教。

2. 教师任务的多样性制约着教师劳动的复杂性

教师既要面向全体学生，又要关注个别学生；既要提高其学识才能，又要教会他们为人处世；既要培养优秀生，又要帮助后进生；既要与家庭、社会协调一致，又要对学生的校内生活全面负责。

3. 影响学生发展因素的广泛性制约着教师劳动的复杂性

学生入校后，仍然直接或间接地接受着社会和家庭的影响；尤其是随着科技的发展，大众媒体的普及，社会及同伴群体对他们的影响作用也越来越大。如何有效地协调各方面的关系，引导学生自觉抵制不良因素的影响而积极向上地成长，是当代教师的一项重大而复杂的任务。

（二）教师劳动的示范性【18 西北师大】

教育是教师引导、培养学生的活动，它要求教师以身作则，具有示范性。教师的劳动对象是处在发展过程中的青少年学生，他们具有尊敬教师、乐于接受教师的教导、以教师为表率的所谓“向师性”的特点。特别是小学生对教师有一种特殊的信任和依恋之情，教师在他们的心目中有崇高的威信。所以，教师必须严格要求自己，以身作则，时时处处用自己的积极思想行为、良好个性和一丝不苟的治学精神，通过示范方式去影响学生，以便取得最佳教育效果。

（三）教师劳动的创造性【20 扬大】

教师的劳动，看似简单、平凡、琐碎：备课、上课、批改作业、课外辅导、组织活动，等等。天天如此，循环往复，没有变化。其实不然，教师工作是变动不居、最富有创造性的劳动。苏霍姆林斯基说过，教师劳动创造性的重要特征之一是他的工作对象——儿童经常在变化，永远是新的，今天同昨天就不一样。教师劳动的创造性，还表现在教育教学过程中，教师对各种突发情况所做出的及时反应、妥善处理的应变能力上，即“教育机智”。【14 杭师】教师为帮助学生掌握某一知识，往往搜集多方资料，采取一定的手段或措施，这都是创造性的表现。教师要创造性地开展教育教学工作，必须经历艰苦的劳动和长期的积累。

（四）教师劳动的专业性

教师的劳动是一种专业化的劳动，这种专业性突出表现在教师对育人的崇高敬业精神和道德修养上，对教育教学专业化知识和技能的掌握和教育活动的自主权上。现代教师劳动的专业化是一个历史过程，这一过程是随着国民教育制度重心由量的积累到质的提高的转移。

【背诵口诀】“俯视创业”

分别对应：俯（复）——复杂性；视（示）——示范性；创——创造性；专——专业性。

题目： 教师劳动的特点　**易考题型：** 名词解释、简答题、论述题

已考学校： 10沈师 中山大学 青岛大学 10/12/15华中 11江西师大 11/16天师 11/13渤海大学 12/17华南 杭师 13哈师 西南 13/17西北师大 14陕师 13/14西南 15/16东师 浙师 15扬大 徐师 山东师大 15/18曲师 16苏大 哈师 上师 辽师 海南师大 内师 17湖师 江苏 福师 西北师大 18佛山科技 吉林师大 19西外 20上师 江西师范 川师

二、教师劳动的价值（重点）

教师劳动的价值，是指教师的劳动对社会和个人所产生的直接和间接的积极作用。对教师劳动价值的认识与理解影响着教师劳动的态度，也影响着社会对教师地位的看法。

（一）教师劳动的社会价值

教师劳动的社会价值，从宏观上看，最突出地表现在教师对延续和发展人类社会的巨大贡献上。教师的工作，联系着人类的过去、现在和未来。从微观上看，教师的劳动关系到每一个人的发展和幸福。在现代社会，一个人的发展状况如何，前途如何，在很大程度上取决于他所受的教育，取决于教师的劳动。

（二）教师劳动的个人价值

教师劳动的个人价值首先在于这种劳动能够创造巨大的社会价值。因为，个人价值的大小主要取决于他对社会的贡献。其次，教师劳动比一般劳动更具有自我实现的价值。教师的劳动是培养人，具有特殊的复杂性和创造性。教师在自己的劳动中能够充分发挥个人的才智，促进个人自身的完善和发展，满足个人较高层次的需要。教师劳动还能享受到一般劳动所享受不到的乐趣。

（三）要正确认识和评价教师的劳动价值

教师劳动虽有巨大的社会价值和个人价值，但有它的特殊性，往往不受社会重视，需要我们正确认识与对待。首先，教师的劳动价值具有模糊性。因为一个学生的成长与进步，是由遗传、家庭、社会、教师以及学生个人努力等多种因素作用的结果。人们很难准确地指出学生的变化是由哪方面的因素引起的。正是这种模糊性，很难使教师的劳动得到明确的评价。其次，教师的劳动价值具有滞后性。教师的劳动价值，要在学生进入社会，并为社会做

出贡献之后才能最终得到体现。这时，教师及其劳动常常被人淡忘。最后，教师的劳动价值具有隐蔽性。教师劳动所创造的价值，是作为一种潜在的价值因素寓于学生身上，只有借助于学生行为表现的外显，或对社会做出的贡献才能得到证明，缺乏自明性。

题目：教师劳动的价值 **易考题型：**简答题、论述题

已考学校：15/19 浙师 16 辽师 上师 17 湖师 18 福师 19 浙师

三、教师的权利与义务（重点）

教师除了享有国家宪法规定的公民的一般权利外，还应享有这一领域有关法律所赋予教师的各种特殊权利。根据《中华人民共和国教师法》规定，主要有以下几方面。

（一）教师的权利

1. 独立工作的权利，即教师依法享有对学生实施教育、指导、评价的权利。

2. 自我发展的权利，即教师依法享有发展自己、提高专业文化水平的权利。

3. 参与管理的权利，即教师可以通过各种合法途径参与学校建设和管理。

4. 争取合理报酬、享受国家规定的各种福利待遇的权利。

（二）教师的义务

1. 遵守宪法、法律和职业道德，为人师表。

2. 贯彻国家的教育方针，遵守规章制度，执行学校的教学计划，履行教师聘约，完成教育教学工作任务。

3. 对学生进行宪法所确定的基本原则的教育和爱国主义、民族团结的教育，法制教育以及思想品德、文化、科学技术教育，组织、带领学生开展有益的社会活动。

4. 关心、爱护全体学生，尊重学生人格，促进学生在品德、智力、体质等方面全面发展。

5. 制止有害于学生的行为或者其他侵犯学生合法权益的行为，批评和抵制有害于学生健康成长的现象。

6. 不断提高思想政治觉悟和教育教学业务水平。

总之，教师的权利与义务均由法律规定，受法律保障。任何教师都不能只行使权利而不履行义务，当然也不能只承担义务而不享受权利。教师所享有的权利越多，所承担的责任就越重，意味着社会对教师的要求也越高。

题目：教师的权利与义务 **易考题型：**简答题、论述题

已考学校：13/14 重师 14 安师 15 天师 16 扬大 16/17/18 集美 18 华南 内师 19 鲁东 曲师

四、教师职业的角色扮演（重点）

要成为一名合格的教师，就必须正确地理解、成功地扮演教师角色，合理地解决教师角

色间的冲突与矛盾。

（一）教师的“角色丛”

在现实生活中，担负一定社会职业的个体通常都不只扮演一种角色，而是同时要演好几种角色。教师角色丛是指与教师特定的社会职业和地位相关的所有角色的集合。每个人都有自己的“角色丛”。就教师与学生的关系而言，教师就要扮演多重角色。

1.“家长代理人”和“朋友、知己者”的角色

教师是学生继父母之后所遇到的另一个社会权威，是家长的代理人。低年级的学生倾向于把教师看作父母的化身，期待受到教师的关爱和保护；高年级的学生则往往视教师为朋友，希望得到教师在学习、生活等多方面的帮助与指导，并能分担自己的快乐与痛苦。

2.“传道、授业、解惑者”的角色

教师要担负起“传道、授业、解惑者”的角色，要将正确的政治思想价值观通过自身的言传身教传授给学生，要善于引导学生在短时期内掌握人类长期积累的基本知识与技能，要注重启发他们的智慧，解除他们人生与学习中的各种困惑，促进他们的个性全面发展。

3.“管理者”的角色

教师管理的对象是具有能动性、自主性、个性的学生。作为管理者，教师要创造一种和谐、民主、进取的集体环境，要给予学生更多的自主与责任，以激发学生的主动性，使学生积极参与民主管理、自觉接受领导、注重自我管理，以便防止“放任自流”和“强迫命令”。

4.“心理调节者”的角色

随着对学生心理健康的重视和心理卫生工作的展开，人们对教师产生了“心理健康顾问”“心理咨询者”等角色期待。教师要适应时代要求，掌握基本的心理卫生常识，在日常工作中渗透心理健康教育。但心理疾病的诊治是一项专业性的工作，教师不可能承担“心理医生”的责任。

5.“研究者”的角色

教师工作的对象是充满生命力和各具个性特点的青少年，每个班、每个学生的情况都不一样，所以，教师不能千篇一律地机械地进行教育，而是要不断反思、研究和改进自己的工作。教师应该成为教育的研究者、改革者，不断地提高自身的教育理论修养和教育、教学的质量。

（二）教师角色的冲突

由于个人在社会不同群体中所处的地位不同，往往需要同时扮演若干角色。当这些角色对个人的期待发生矛盾、难以取得一致时，就会出现角色冲突。教师职业常见的角色冲突主要有以下几种。

1.社会“楷模”与“普通人”角色的冲突

社会希望教师“为人师表”或成为社会的楷模，但这种期望对教师要求过严、过高。许多教师做不到也不愿做到，他们认为自己是一个普通的“社会人”。

2.“令人羡慕”的职业与教师地位低下实况的冲突

一方面，教师头上有许多令人羡慕的“桂冠”，被誉为“人类的工程师”；另一方面，教师的社会地位卑微，由于分配不公，教师在经济上拮据，捉襟见肘。

3.教育者与研究者角色的冲突

教师的角色要求他时时与儿童维持一种密切而持久的关系，这种时间与精力的投入使许多教师产生被“抽干”的感觉，形成教师教书育人与研究创新的矛盾。

4.教师角色与家庭角色的冲突

俗话说，教师特别是班主任，“起得比鸡早，睡得比驴晚”，如此一来，教师没办法也没有精力和时间照顾家庭，有时候会影响家庭幸福等。

（三）教师角色冲突解决的方法

教师角色冲突的广泛性及造成后果的严重性，不能漠然视之。要在客观分析、正确认识的基础上，恰当解决教师角色冲突。教师角色冲突解决的方法主要有以下几方面。

1.社会方面

目前教师角色冲突的加剧，与社会大环境有一定的关系。因此，首先要在社会上树立正确的教师观，通过相应的社会改革为教师角色活动提供必要条件和创造良好的外部大环境；充分理解、合理评价、切实尊重教师的角色活动，增加教师角色行为的光荣感，提高教师的经济待遇和社会地位。

2.学校方面

学校是教师的工作场所。学校对教师角色的影响是直接的、重要的，因此，学校要抓好内部的管理体制改革，管理科学化，充分调动教师工作的积极性，加强教师的角色教育，调整教师的角色任务，协调教师的角色关系，消除教师的角色紧张，总之要为教师工作与发展营造一个和谐适宜的学校氛围。

3.个人方面

个人是角色改变的关键，因此，教师首先要提高角色的知觉水平。角色的知觉是个体在社会情境中对角色及其有关角色现象的整体反映。主要包括三方面：对自我角色的认知，对他人角色的认知，对角色期待的认知。

1.题目：教师职业的角色扮演　**易考题型：**简答题、论述题

已考学校：10/14福师 11重师 11/13杭师 13华东 15苏大 上师 16山东师大 西南 17福师 18云师 江苏 东北师大 19闽南 沈师 20山西师范

2.题目：教师的“角色丛”　**易考题型：**简答题

已考学校：16宁波大学 17广西师范学院

3.题目：教师角色的冲突及其解决　**易考题型：**简答题、论述题

已考学校：10苏州大学 15上师 辽师 安师 17山东师大 天师 集美大学 18扬大 合肥师大

（三）社会变迁中教师角色发展的趋势

在缓慢演变的社会里，教师角色主要被视为前人知识、经验的传授者。然而，在飞速发展的现时代，教师角色的任务内容与重心都发生了巨大变化。1975年联合国教科文组织成员国向国际教育局提供的报告，揭示了教师角色发展的一般趋势。

1. 在教学过程中更多地履行多样化的职能，更多地承担组织教学的责任。

2. 从一味强调知识的传授转向着重组织学生的学习，并最大限度地开发社区内部的新的知识资源。

3. 注重学习的个性化，改进师生关系。

4. 实现教师之间更为广泛的合作，改进教师与教师的关系。

5. 更广泛地利用现代教育技术，掌握必需的知识与技能。

6. 更密切地与家长和其他社区成员合作，更经常地参与社区生活。

7. 更广泛地参加校内服务和课外活动。

8. 削弱加之于孩子们身上，特别是大龄孩子及其家长身上的传统权威。

教师角色的这些转换，不仅意味着学校教育功能的某些变化，而且对教师素养的要求以及相应的师资培训问题也提出了更高的要求。

题目：社会变迁中教师角色发展的趋势　**易考题型：**简答题

已考学校：13/15 华东师大 10/14 福师 15 河南师大 郑州大学 19/20 沈阳师范

第二节　教师的素养及培养（重点）

教师是年青一代的教育者，是教育事业的主要依靠力量，教师的素养如何直接关系到我国年青一代成长的质量，关系到教育事业乃至社会主义建设事业的兴衰成败。教师劳动的重要社会价值和劳动特点，必然会对教师的素养提出比较全面而严格的要求。依据我国社会主义现代化建设的要求和教师劳动职业的需要，教师主要应具备下述素质。

一、高尚的师德【19 河南师大】

（一）热爱教育事业，富有献身精神和人文精神

热爱教育事业，是搞好教育工作的基本前提。许多优秀教师之所以能在教育工作中做出卓越的成绩，首先是因为他们热爱教育事业，愿意为下一代的成长贡献自己的毕生精力。另外，教师还应具备基本的人文精神，要关怀学生的生存和发展、人生价值的实现，要关怀民族、人类的现实生存境遇和未来发展前景。

（二）热爱学生，诲人不倦

热爱教育事业具体体现在热爱学生上。爱学生是教师的天职，是教育好学生的重要条

件。教师只有热爱学生，才能教育好学生，才能使教育发挥最大限度的作用，才能真正成为杜威所谓的“天国引路人”。教师对学生的爱是一种巨大的教育力量，也是一种重要的教育手段。它往往能激发起学生对教师的爱戴、感激和信任之情，使学生愿意接近教师，接受教师的教育。

（三）热爱集体，团结协作

教师的劳动既具有个体性，又具有集体性。一个学生的成才，绝非仅仅是哪一位教师的功劳，而是教师群体的智慧和共同劳动的结晶，是许多教育工作者团结协作、一致努力的结果。因此，教师之间、教职员工之间应该相互尊重、团结协作，步调一致地教育学生，最大限度地发挥集体的教育力量。

（四）严于律己，为人师表【18西北师大】

教师劳动具有示范性，因此教师必须以身作则，严于律己，凡是要求学生做到的，教师都要首先做到；凡是要求学生不能做的，教师都能首先自律。教师只有以身作则，才能树立威信，受到学生的尊敬。

二、宽厚的文化素养

教师的主要任务是向学生传授科学文化知识，以培养其能力，促进他们生动活泼地发展。因此，一个好教师的基本条件之一，就是要有比较渊博的知识和多方面的才能。教师应对自己所教学科的知识有科学、正确的把握，在教学过程中不出知识性、表述性的错误。在此基础上，教师要对自己所教专业融会贯通，能从整体上系统把握，这样才能深入浅出，高瞻远瞩，达到运用自如的境界。

三、专门的教育素养

（一）教育理论素养

主要指教师对教育科学基本理论知识的掌握，能恰当地运用教育学、心理学的基本概念、范畴、原理处理教育教学中的各种问题，能自觉、恰当地运用教育理论总结、概括自己的教育教学经验并使之升华，能清晰、准确地表达自己的教育思想和教学设想。

（二）教育能力素养

主要指保证教师顺利完成教育教学任务的基本操作能力。这要求教师善于从事各种教育、教学活动，成为教育方面的“临床专家”，能够像医生那样进行“分析”“诊断”“假设”和“开处方”，解决教育教学中的各种问题。具体包括以下几种能力：（1）课程开发能力；（2）良好的语言表达能力；（3）组织管理能力；（4）引导与创新能力。

（三）教育研究素养

主要指教师运用一定的观点方法，探索教育领域的规律和解决问题的能力。无论是用教育理论指导教育实践，还是在教育工作中不断创新和改革，作为一名工作在教育“第一线”

的教师，都有资格也有条件进行教育科学研究，尤其是他们从事的教育或教学研究。教师应富有问题意识、反思能力，善于总结工作中的经验教训，创造性地、灵活地解决各种教育问题。

四、健康的心理素质

现代社会教师的角色日益多样化，不仅社会角色更加丰富，职业角色也变得更加多样，频繁的角色转换和多方面的角色期望，使得教师时常发生角色冲突。这时，如果教师不能对自己的心理状态经常做适当的调整，就有可能出现心理障碍和心理疾病。教师的心理健康问题不仅会直接影响到教育工作的成败，而且会影响到学生的心理健康水平。因此，教师应该具备健康的心理素质。

【背诵口诀】“德文教心”

分别对应：德——师德；文——文化素养；教——教育能力素养；心——心理素质。

题目：教师的素养有哪些　**易考题型：**简答题、论述题

已考学校：10/12/15 华东 11/16/18 浙师 11 杭师 西北 广西 11/13/19 华中 12 首师 陕师 江西师大 13/16 扬大 12/14/16 上师 14/18 天师 18 重师 哈师 福师 15 江西师大 16 曲师 中央民大 川师 贵师 18 山东师大 广东技术师大 山西师大 赣南师大 中南民大 14/19 北师 16/19 东师 19 华南 20 扬大 陕师 江西师范 延安 曲师 宝鸡文理 云南大学 哈师

第三节　教师的培养与提高【简答、论述】

一、教师的培养与提高的紧迫性（重点）

从总体上说，我国基础教育的教师数量问题基本上已得到解决，教师质量也得到了显著的提高，但是，若做具体而深入地考察与分析，则仍能看到存在着教师的分布与结构失调、教师质量不均衡、教师队伍不够稳定、有的教师现代教育的意识和能力欠缺等令人关注与担忧的问题。

（一）教师的分布与结构失调

由于城市教师工作条件相对较好，工资待遇相对较高，因而城市中小学教师的数量比较富余；而农村尤其是老少边穷地区的教师工作条件比较艰苦，工资待遇也偏低，因而其中小学教师的数量有所不足。

（二）教师的质量不均衡

经过系统培养与实践锻炼，我国大部分教师德才兼备，具有较高的素质，但是，也应看到教师队伍质量存在种种不均衡的现状。例如，我国有相当一部分教师尤其是农村中小学教

师原有的基础较差，有的教师所学专业并非他所教的专业，这样便出现了所学非所用、所用非所学的状况。

（三）教师队伍不够稳定，师资力量流失严重

师资流失有显性流失与隐性流失。显性流失是指工资较低、条件较艰苦的中西部或农村地区的教师，千方百计地设法调往工资较高、条件较好的东部地区或城市学校任教师或从事其他工作而形成的流失；隐性流失是指在岗教师因从事以增加个人经济利益为目的的第二职业或活动而挤压和削弱了他的本职工作所造成的实质性流失。

（四）不少教师还缺乏现代教育的意识与能力

由于深受传统教育思想和实践模式的惰性影响与局限，许多教师仍执着于传统的教育观、教学观、师生观，习惯于传统模式的一套做法。要从根本上改变这种状况，首先有必要从注重组织教师认真学习、探讨与实践新的教育理论及方法着手，才有可能切实培养与提高教师的现代教育意识与能力。

二、教师个体专业发展的过程（重点）

有关教师个体专业化发展过程的研究表明，虽然师范教育对专业化发展的作用不可忽视，但许多中小学优秀教师的良好品质与才能主要是在实践中逐步积累和发展起来的，其成长是一个多阶段的连续的过程。

美国学者凯兹（L.Katz）概括并提出了教师发展的四个阶段。

阶段一：求生期。在工作的第一年，努力适应以求得生存。

阶段二：强化期。一年后，对一般学生的情况有了基本的了解，开始把注意力放在有问题的学生身上。

阶段三：求新期。在第三和第四年时，教师开始寻求新的教育教学方法。

阶段四：成熟期。教师花费三年、五年或更多的时间，成为一个专业工作人员，能够对教育问题做出反省性思考。

国内学者叶澜等从“自我更新”取向角度对教师专业发展阶段进行了深入研究，把它分为“非关注”“虚拟关注”“生存关注”“任务关注”“自我更新关注”五个阶段。

阶段名称	时限	主要特征
1.“非关注”阶段	正式教师教育之前	无意识中以非教师职业定向的形式形成了较稳固的教育信念，具备了一些“直觉式”的“前科学”知识与教师专业能力密切相关的一般能力

2.“虚拟关注”阶段	师范学习阶段（包括实习期）	对合格教师的要求开始思考，在虚拟的教学环境中获得某些经验，对教育理论及教师技能进行学习和训练，有了对自我专业发展反思的萌芽
3.“生存关注”阶段	新任教师阶段	在“现实的冲击”下，产生了强烈的自我专业的忧患意识，特别关注专业活动中的“生存”技能，专业发展集中在专业态度和动机方面
4.“任务关注”阶段		随着教学基本“生存”知识、技能的掌握，自信心日益增强，由关注自我的生存转到更多地关注教学，由关注“我能行吗”转到关注“我怎样才能行”
5.“自我更新关注”阶段		不再受外部评价或职业升迁的牵制，自觉依据教师发展的一般路线和自己目前的发展条件，有意识地自我规划，以谋求最大限度的自我发展，关注学生的整体发展，积累了比较科学的个人实践知识

三、培养和提高教师素养的主要途径（重点）

（一）加强和改革师范教育

要发展师范教育，切实提高教师队伍的质量，首先必须采取有效的政策性措施，鼓励和吸引大批优秀学生报考师范院校。同时，要改革现行的师范教育，紧密联系时代对教师的新要求，使未来教师能获得与之相适应的专业教育，尤其要让师范生形成正确的教育理念，加强职业能力的训练，以便胜任教师的职责。要引导师范生树立如下观念：师范院校的学习不仅与自己的职业准备有关，而且是个人自我发展的一个重要阶段，能为将来自己的个性全面而自由的发展奠定良好的基础。

（二）加强教师在职提高

如何帮助新教师适应教学实践的要求，顺利完成由师范生到正式任教这一角色转换的过程，是教师在职培养工作的关键。因此，必须制订计划，通过有效的途径，专门向新教师提供系统的帮助，使他们尽快适应新环境，顺利地担当起一个教师应尽的职责。之后，还应关心新教师的成长，主要是通过实践学习、教学反思、校本培训、校外支援和交流合作等形式，使他们不断得到提高与完善。

1. 教学反思

是指教师把自己放到研究者、反思者的位置，通过对教育教学日常工作中出现的某些疑难问题的观察、分析、反思与解决，提升自己的专业理论水平和专业实践的智慧与能力。

2. 校本培训

是指在教育专家指导下进行的，以教师任职的学校为基本培训单位，以提高教师专业素质为目标，通过教育教学实践和教育科研活动等多种形式，对全体教师实行的全员性在职培训模式。其特点主要表现在以下几方面：第一，以学校为培训基地，关注教师的实际需要，按需培训。第二，重视在教学实践中培训教师，教学、科研与培训一体化，强调岗位练兵。第三，重视教师在培训中的主体地位，重视激发教师专业培训和交流活动等。

3. 校外专业支援与合作

主要形式有跨校合作、专家指导、政府教育部门和教研机构组织的各类专业培训和交流活动等。跨校合作包括学校与学校、学校与大学或师范院校的合作。专家指导包括专家讲座、报告等。政府教育部门和教研机构组织的各类专业培训，包括短期培训、脱产进修、业余进修等。

题目：培养和提高教师素养的主要途径　**易考题型：**简答题、论述题

已考学校：11 安师 12/14 湖北师大 12 天师 12/18 湖南大学 13 扬大 14 华东　河北大学　湖南科技 15 华南 16/19 重师　川师　广东技术　扬大　山西师大 16/17 山西师大 17/18 郑州大学 18 赣南师大　中南民族　西南大学 19 东北　青海 20 华南师范

四、教师专业发展（重点）

（一）教师专业发展的内涵【简答题、论述题】

教师专业发展是指教师以自身专业素质包括知识、技能、情感等方面的提高与完善为基础的专业成长、专业成熟的过程，是由非专业人员转向专业人员的过程。教师专业发展（教师专业化）既指教师个体通过职前培训，从一名新手逐渐成长为成熟教师的一个可持续的发展过程，也指教师职业整体从非专业职业、准专业职业向专业性质进步的过程。

（二）教师个体专业化的基本内容

1. 专业理想的建立。形成的关于教育本质、目的、价值和生活等的理想和信念。

2. 专业知识的拓展与深化。量的拓展、质的深化、知识结果的优化。

3. 专业能力的提高。是评价教师专业性的核心因素。

4. 专业自我的形成。独特的教育教学方式以及知识、观念、价值体系与教学风格的总和。

5. 专业态度与动机的完善。

6. 教师的专业人格。

（三）教师专业发展的途径

1. 教师自身要有专业发展的观念和意识，寻求自我专业发展的途径。

2. 职前培训（师范教育）与在职培训。

3. 制订自我生涯发展规划。

4. 进行教育研究。
5. 进行经常化、系统化的教学反思。
6. 新教师的入职辅导。
7. 在参与课程改革和课程开发中获得专业发展。

题目：教师专业发展　**易考题型：**名词解释、简答题、论述题

已考学校：10/17 宁波大学 10 曲师 11 首师 安师 苏大 12 苏大 天师 湖大 13 杭师 西北师大 13/14 华东 15 海南师大 13/16 杭师 16/19 重师 17 山西师大 18 中央民大 广西民族 内蒙古民族 江西师大 湖大 18/19 南师 18/19 中央民族大学 19 东师 山东师大 20 杭师

【常考超纲知识点汇总】

一、教师职业道德修养（重点）【18 北师 河南】

（一）教师职业道德修养的概念

教师职业道德修养特指教师在职业活动中按照一定的职业道德原则和规范，进行自我锻炼和自我改造，以及所形成的道德品质和所达到的道德境界。教师职业道德修养的根本目的在于通过对职业活动的认识和实践，培养教师高尚的职业道德品质，把职业道德的基本原则与规范自觉地转化为内心的要求和信念，逐步形成良好的职业行为习惯，成为具有高尚职业道德、受社会欢迎的优秀教师。

（二）教师职业道德修养的内容

1. **树立远大的职业道德理想**

职业道德理想是职业道德要求的重要组成部分。有了崇高的职业道德理想才能产生模范遵守职业道德的行为，职业道德理想是社会理想在职业选择和实践中的具体体现，在人们的社会生活中占有重要位置。确立崇高的职业道德理想，一是要把个人志愿与社会需要结合起来；二是要正确处理教师职业选择与教育才能的关系；三是要正确看待教师的社会地位和待遇；四是要正确看待教师工作的苦与乐。只有这样，教师才能树立崇高的职业道德理想，忠于人民教育事业的职业道德理想，体现教师职业道德要求的本质。

2. **掌握正确的职业道德知识**

职业道德知识指人们对于客观存在的职业道德关系以及处理这种关系的道德原则规范的认识。它包括职业道德观念的形成和职业道德行为判断能力的提高。学习和掌握教师职业道德知识是教师职业道德修养的首要环节和最初阶段，职业道德知识是职业道德情感产生的依据，是职业道德意志锻炼的内在动力，是决定职业道德行为倾向的思想基础。

3. **陶冶真诚的职业道德情感**

职业道德情感是指人们对现实生活中职业道德关系和职业道德行为的好恶情绪，如人们通常对高尚的职业活动产生敬仰和尊重，对违反职业道德的行为产生愤恨和憎恶之情等。教师只有培养起真诚的职业道德情感，才会真正从内心热爱自己所从事的职业，潜心钻研业务，尽职尽责地做好本职工作。

4. 磨炼坚强的职业道德意志

职业道德意志是人们在履行职业道德责任和义务的过程中所表现出来的克服困难和障碍的能力和毅力。它是职业道德行为持之以恒的重要精神力量，也是职业道德观念内化为人们道德品质的重要因素。

5. 确立坚定的职业道德信念

职业道德信念是人们对职业道德理想和职业道德规则现实性、正义性的深刻而有根据的笃信，以及由此而产生的对自己履行的职业责任和义务的真诚信奉。它是正确的职业道德知识、真诚的职业道德情感和坚毅的职业道德意志的“合金”，也是形成职业道德行为的强大动力和精神支柱。

6. 养成良好的职业道德行为习惯

职业道德行为是指人们在一定的职业道德知识、情感、意志、信念支配下所采取的自觉活动。职业道德行为的最大特点是自觉性和习惯性。被迫的行为即使有良好的效果，也不能算是道德行为，因为真正的道德行为往往带有习惯性。职业道德行为是衡量人们职业道德品质好坏、道德水平高低的客观依据。

二、师生关系（重点）【18重师 宁波大学 江西师大 南师 内蒙古民族 19中央民大 陕师 20西北师大 南师 重师】

（一）师生关系的特点

1. 教育性。师生关系是教师和学生为实现教育目标，直接促进学生发展的目的而建立的一种特殊的社会关系和人际关系。

2. 多样性。师生关系可以分为社会关系、教育关系和心理关系等多种关系。

3. 多层次性。社会关系、教育关系和心理关系等的内部又可以细分为多个层次，使师生关系构成一个多层次的关系体。

4. 稳定性。师生关系一经建立，就会维持一段时间，甚至终身。

5. 弥散性。以教育关系为基础的师生关系，可以影响到生活的各方面。

（二）师生关系的类型

1. 学生中心论

学生中心论的代表人物：卢梭和杜威。学生中心论认为学生的发展是一种自然的过程，教师不能主宰这一过程，只能去引导学生的兴趣，满足学生的需要，为学生服务，而不能过多干涉学生的成长。他们反对教师中心，主张发展学生的个性，要求把一切措施围绕学生转动，力图削弱传统教育中教师所具有的那种专断性的主导作用，主张把师生关系的中心由教师转到学生。由于它片面强调学生的主动性，过分注重学生的经验而忽视了教师应有的主导作用，因而，学生不能够掌握系统的文化知识。

2. 教师中心论

教师中心论的代表人物：德国教育家赫尔巴特。教师中心论认为教师掌握了人类积累的文化知识，是知识和智慧的代表，社会价值观念的传播要靠教师的施教来完成。所以，在师生关系中，教师应处于中心地位。教师不但决定着教育教学的标准、内容、方法，而且也对学生的成长和发展方向具有绝对的权威。教师中心论重视教师在教育过程中的主导作用，主张教师的绝对权威和决定作用。在一定程度上，教师用自己的经验可以帮助学生及早走上生活的轨道。但是，教师中心论过于重视书本知识，忽视社会生活；而且片面地强调教师的绝对支配权，把学生放在绝对客体的地位上，忽视学生的主体性、能动性和创造性。

（三）影响师生关系的因素

1. 教师方面

（1）教育观念。从教师自身的认识看，有的认为教师在师生关系中处于主导地位，是决定师生关系好坏的关键，但并不能无视学生的自由选择和支配自己的权利。有的认为，教师的观点是绝对正确的，教师应该树立自己的绝对权威。在对教育工作的认识上，有的教师持“为教而教”，有的持“为学而教”。

（2）领导方式和智慧。教师的领导方式有专制型、放任型、民主型。大量事实证明，民主型下的学生发展最健全，学生之间、师生之间情感和谐、关系融洽。而教师的智慧主要表现在他的学识和创造性上。教师表现出的创造性能够给学生带来更多的新鲜感、好奇感和乐趣。

（3）教师的人格因素。那种性格开朗、气质优雅、兴趣广泛的教师更受学生欢迎。

2. 学生方面

在学校，学生影响师生关系的主要因素就是学生对教师的认识和看法。

3. 环境方面

影响师生关系的环境主要是学校的人际环境和课堂的组织环境。学校领导与教师的关系、教师与教师的关系、教师与家长的关系，都必然影响师生关系。课堂的组织环境主要包括教室的布置、座位的排列、学生的人数等，主要探讨的是师生交往的空间和交往频率对师生关系的影响。

（四）良好师生关系的标准

1. 教育关系：教学相长

教师不仅应该是学生的良师，而且应该成为学生的益友。双方要真情互动、教学相长，在交流过程中学生能消除对教师的顾虑和疏远而产生亲切感，双方获得共同发展。可以说，教学相长会是未来师生关系的标志。

2. 人际关系：尊师爱生

学生对教师尊敬、依赖，教师对学生关心、爱护，这是建立良好师生关系的感情基础。教师热爱学生不仅可以促进教师调节自身行为，更加投身于教育事业，而且教师对学生的积极情感，必将唤起学生更大的主动精神，使学生更加积极地投入教育教学活动中来；学生尊敬教师，才会“亲其师、信其道”，教师得到学生的尊敬和信赖也是其忘我工作的激励。

3. 社会关系：民主平等

教育中民主平等的根本在于人与人之间的平等。作为个体的人，都有权利得到人格的尊重，体现自身的价值与尊严，师生都不例外。传统的不平等的师生观在今天依然产生着影响，教育活动中教师权威主义的存在使学生的人格、尊严被忽视，并因此产生师生心理上的距离。

4. 心理关系：宽容理解

不同的学生具有不同的心理状态、不同的性格和气质等，这就要求教师在处理师生关系时能够对学生的不同特点有充分的认识，能够理解学生之间的差异，宽容学生的不足和错误。

（五）建立良好师生关系的途径与方法

1. 转变传统的角色心理

长期以来，社会对“传道、授业、解惑”的教师角色要求，已形成了特定的角色心理和行为定式。但是在当今的信息时代，教师已不再是真理的唯一拥有者和说教者，而是学生的向导和生活的朋友。教师必须转变传统的角色心理，树立正确的学生观，既做学生的良师，更做学生的益友。

2. 变革陈旧的教育方式

传统的“授受”的教育方式使学生处于被动地位，已不适应时代发展的要求。良好的师生关系的特征是交流与合作，这就要求教育方式由单向的训导、垂直传递转变为双向的对话、相互沟通。

3. 热爱、尊重学生，公平对待学生

教师要热爱所有学生，对学生充满爱心，经常走到学生中间，切忌挖苦、讽刺学生和粗暴对待学生。特别要尊重学生的人格，保护学生的自尊心，维护学生的合法权益，避免师生对立，处理问题必须公正无私，让学生心悦诚服。

4. 主动与学生沟通，善于与学生交往

师生关系一般要经历生疏、接触、亲近、依赖、协调、默契阶段。在师生交往的初期，往往出现不和谐因素，这就要求教师掌握沟通与交往的主动性；同时，教师还要掌握与学生交往的策略和技巧。

5. 努力提高自我修养，健全人格

教师的素质是影响师生关系的核心因素。教师的师德修养、知识能力、教育态度、个性心理品质无不对学生产生深刻的影响。因此，教师必须加强学习和研究，使自己更具智慧；经常进行自我反思，正确评价自己，克服个人偏见和思维定式；培养自己多方面的兴趣和积极向上的人生观。

三、教育行动研究（重点）

对于教育行动研究的含义，目前国内外教育界还没有达成一致意见。一般来说，教育行动研究是教育实践工作的参与者与教育理论研究工作者共同合作，为解决教育实际问题，在教育实践过程中进行的一种教育科学研究方法。

（一）教育行动研究的特点及优缺点

1. 特点

（1）为教育行动而研究

“为教育行动而研究”指出了教育行动研究的目的。研究的目的不是构建系统的学术理论，而是解决教育实践工作者在实际工作中遇到的问题。将教育教学实践中所存在的问题发展成课题，设计出解决方案，并逐个实施，达到解决问题、提高教育教学质量的目的。研究目的具有实用性，问题的

解决具有即时性。

（2）在教育行动中研究

“在教育行动中研究”指出了研究的情境和研究的过程。教育行动研究的情境就是教育实际工作者所在的工作环境，并非经过特别安排的或控制的场景。行动研究的研究过程，就是教育实际工作者解决问题的过程，是一种行动的表现，也是教育实际工作者学会反省，培养问题探究与问题解决能力的过程。

（3）由教育行动者研究

“由教育行动者研究”指出了教育行动研究的主体主要是教师，而不是外来的专家学者。教育行动研究要求教育一线人员即教育行动者要参与研究。对自己从事的实际工作进行反思，在反思中提高理论水平和实践能力。

总之，教育行动研究的目的是以解决实践中遇到的问题为主，强调研究过程与行动过程的结合，注重教育研究者与教育行动者之间的合作。

2. 优点

（1）适应性和灵活性

行动研究简便易行，较适合于没有接受过严格教育测量和教育实验训练的中小学教师采用。行动研究容许边行动边调整方案，不断修改。实验条件的控制比较宽松，注重实际的教育环境，较有利于在教育这样复杂的研究现象和领域内进行。

（2）评价的持续性和反馈的及时性

行动研究强调评价的持续性，即诊断性评价、形成性评价和总结性评价贯穿整个研究过程。反馈的及时性可从两方面看：一是及时反馈总结，使教育实践与科学研究处于动态结合与反馈中；二是一旦发现较为肯定的结果，便立即反馈到教育实践中去。

（3）较强的实践性与参与性

实践性表现在行动研究与教育研究紧密相连，紧紧围绕着学校的实际问题进行分析、研究和行动。参与性体现在典型的行动研究中，研究人员由专职研究人员、行政领导和第一线教师联合构成。

（4）多种研究方法的综合使用

在较成功的行动研究中，可汇集多种研究方法的作用。理想的行动研究法应是多种科学研究方法的灵活、合理的并用。

3. 缺点

教育行动研究常以具体实际情境为限，研究的样本受到限制，不具代表性，自变量的控制成分很少，内外部效度都显得有些脆弱，某些方面不符合科学性的严格要求。此外，行动研究强调实际工作者与研究人员的相互合作，而在实践中两者协调工作的难度较大。

4. 步骤

计划、行动、观察、反思。

第十三章　学校管理

复习提示

自从有了学校，就有了学校管理。学校管理这个章节相对来说比较轻松，这个章节主要围绕四个大问题来展开的。首先是学校管理的概念，其次是学校管理的目标与过程，再次是学校管理的内容与要求，最后是学校管理的发展趋势。有些知识点比较细碎，但是厘清思路后会好很多，要结合实际去看这一章的内容，以后我们如果面临学校的管理工作也会知道如何去做。

知识框架

- 学校管理
  - 学校管理概述
    - 概念
    - 构成要素
    - 学校管理体制
    - 校长负责制的提出
  - 学校的管理目标与过程
    - 学校管理目标
      - 学校管理目标的概念和作用
      - 学校管理目标的特点
      - 学校管理目标定位
      - 学校管理目标实现的要求
    - 学校管理过程
  - 学校的管理内容与要求
    - 教学管理的内容和要求
    - 教师管理的内容和要求
    - 学生管理的内容和要求
    - 总务管理的内容和要求
  - 学校管理的发展趋势
    - 学校管理法治化
    - 学校管理人性化
    - 学校管理校本化
    - 学校管理信息化

第一节 学校管理概述

一、学校管理的概念（重点）

学校管理是学校管理者在一定的社会历史条件下，通过一定的组织机构和制度，采用一定的方法和手段，带领和引导师生员工，充分发挥学校人、财、物、时间、空间和信息等资源的最佳整体功能，卓有成效地实现学校工作目标的组织活动。简言之，学校管理是管理者通过一定的组织形式和工作方式以实现学校教育目标的活动。它有下述显著特性：

1. 学校管理以育人为中心，具有教育性；
2. 学校管理的目的在于促进学生发展，具有服务性；
3. 学校管理在特定的文化环境中进行，具有文化性；
4. 学校管理是对校内外各种资源的有效整合，具有创造性。

【背诵口诀】“教务文创”

分别对应：教——教育性；务——服务性；文——文化性；创——创造性。

题目：学校管理 **易考题型：**名词解释、辨析

已考学校：10 天师 11 浙师 12 华南 杭师 13 徐师 沈师 15/18 华南 16/17/19 辽师 17/18 扬大 17 东师 哈师 18 吉师 温大 广西师大 14/19 上师 20 山东师范 宝鸡文理

二、学校管理的构成要素（重点）【18 中南民族】

（一）学校管理者

学校管理者就是在学校管理活动中处于领导地位、发挥引领作用的人。学校的正、副校长和各个职能部门的负责人员都是学校管理者。学校管理者是学校管理的主体，在学校管理中处于主导地位。此外，学校的教职员工和学生在一定意义上也是学校的管理者。

（二）学校管理对象

学校管理对象就是学校管理活动的承受者，也就是学校管理者认识和实践的对象，主要包括学校的人、财、物、时间、空间和信息等资源。

（三）学校管理手段

学校管理手段主要包括学校的组织机构和规章制度。学校组织机构是根据一定的组织原理和工作需要建立起来的，它可以分为行政组织机构和非行政组织机构两种类型。行政组织结构主要包括决策机构、咨询机构、执行机构、监督机构和反馈机构等。学校非行政组织机构主要包括各种团队、工会、妇联、学生会等团体组织。学校规章制度是学校全体成员日常工作的基本规范。

三、学校管理体制（重点）【16 福师 18 扬大 18/20 辽师】

学校管理体制是学校管理组织机构和管理制度的结合体，它是学校管理的枢纽，对学校管理功能的实现发挥着全局性、根本性和持久性的作用。学校管理体制包括学校组织机构体制和学校领导体制两方面，前者规定了学校管理机构的设置、各机构的职、责、权划分及相互关系，后者规定了学校由谁领导和负责。

四、校长负责制的提出

（一）校长负责制的提出（选看）

1985 年 5 月 29 日，中共中央在充分征求意见的基础上发布了《关于教育体制改革的决定》（以下简称“《决定》”）。《决定》要求：“学校逐步实行校长负责制，有条件的学校要设立由校长主持的、人数不多的、有威信的校务委员会，作为审议机构。要建立和健全以教师为主体的教职工代表大会制，加强民主管理和民主监督，学校中的党组织要从过去那种包揽一切的状态中解脱出来，把自己的精力集中到加强党的建设和加强思想政治工作上来。”《决定》明确地规定了我国中小学的领导体制是校长负责制。1993 年中共中央、国务院在《中国教育改革和发展纲要》中继续重申：“中等及中等以下各类学校实行校长负责制。校长要全面贯彻国家的教育方针和政策，依靠教职员工办好学校。”

（二）校长负责制的内涵（重点）

校长负责制是指校长受上级政府主管部门的委托，在党支部和教代会的监督下，对学校进行全面领导和负责的制度。在这一领导体制中，校长是学校行政系统的最高决策者和指挥者，是学校的法人代表，他对外代表学校，对内全面领导和管理学校的教育、教学、科研和行政工作。

题目： 校长负责制　**易考题型：** 名词解释

已考学校： 11/19 华南 14 苏大 淮北 15 温大 三峡 16 北师 华东 18 广西师院

（三）实施校长负责制应注意的问题（重点）

1. 明确校长的权力与责任。
2. 发挥党组织的保证监督作用。
3. 建立以教师为主体的教职工代表大会制度，加强民主管理和监督。

第二节　学校管理的目标与过程

一、学校管理目标【13安师15/17上师20广东技术师范】【名词解释】

（一）学校管理目标的概念和作用（重点）

学校管理目标是指学校管理主体对管理活动的要求和期望，也就是通过管理活动所要达到的状态、标准和结果。学校管理目标在学校管理活动中占据重要地位，它既是学校管理活动的指南，也是衡量学校管理工作好坏的标尺。它有下述作用。

1. 导向作用

学校管理目标一般都贯彻了我国的教育方针，体现了教育的发展方向，切合学校的实际，所以学校管理目标具有导向作用，它可以为学校指明办学方向，为教师和学生指明努力方向，引导学校朝着理想目标前进。

2. 激励作用

令人向往而又切实可行的目标能够激发人们的积极性、自主性和创造性，能够推动他们为实现该目标而努力。布卢姆的“期望理论”指出：目标是一种强有力的刺激，人们对目标的价值看得越重，期望目标实现的概率越大，激发出来的力量就越大。

3. 调控作用

学校组织机构是一个复杂的系统。它的各个部门在管理活动中承担不同的任务，它们之间既有统一性，也有特殊性，在工作中难免出现矛盾。学校管理目标具有调控作用，可以使各部门统一认识，自觉调节，使学校组织机构具有协调力、凝聚力和战斗力。

4. 评价作用

学校管理目标本身也是衡量学校工作过程与成果的质量标准，具有评价作用。要了解学校管理过程或结果的质量，只要用目标做尺度来衡量与评价，其结论就一目了然。

（二）学校管理目标的特点（重点）

1. 指向性：学校管理目标体现了学校的办学方向，是管理者所希望达到的结果和状态。

2. 社会性：学校作为社会系统的一部分，其发展受到社会政治、经济、文化等因素的制约，因而其管理目标要与社会发展的方向一致。

3. 层次性：学校管理目标是学校管理的总目标，要实现这个纲领性的总目标，需要将目标分解为各个层次的子目标。

4. 可行性：学校管理目标的制定必须结合学校实际情况，并有具体的操作内容。

（三）学校管理目标定位（选看）

学校管理是一项系统的复杂的工程，因此其目标也是结构复杂、类型多样的，从时间上看，可以分为长期目标、中期目标和短期目标；从层次上看，可以分为总体目标、部门目标和岗位目标；从表现形式上看，可以分为发展战略、发展规划、工作目标和工作计划；从管理对象上看，可以分为对人的管理目标、对物的管理目标、对财的管理目标、对时间的管理目标、对信息的管理目标。总之，发挥学校效能、促进学生发展，是现在学校管理定位目标。

（四）学校管理目标实现的要求（了解）

1. 保持各种目标的协调一致

学校管理目标与教育目标一致；学校管理总目标与部门管理具体目标一致；学校管理者的目标与被管理者的目标一致。

2. 建立高效率的管理组织系统

建立高效率的管理目标组织系统是学校管理的目标追求。

3. 组建一支高水平的学校管理队伍

学校的管理工作是由人来完成的，管理效率也是人创造的，因此，组建一支高水平的学校管理队伍是学校管理的一个重要目标。

4. 采取科学的管理方法和手段

采取科学的管理方法和手段，实际上就是从学校管理工作实际出发，根据学校中的人、财、物等要素特点，采取切实可行的有效办法。

二、学校管理过程（重点）

学校管理过程就是学校管理者为实现学校管理的预定目标，对学校管理对象进行策划、引领、规范、调整和提高的动态过程。学校管理基本上由计划、实施、检查和总结四个基本环节构成。

（一）计划

计划就是对学校工作目标的全面设计和统筹规划。它是学校管理过程的起始环节，起着指明方向、规划进程、统一步调、提高效率的作用。为了有效地发挥计划的组织、调控功能，学校在制订工作计划时应注意几点：首先，必须以党和国家的教育方针、政策及要求为依据，坚持以教学为主。其次，明确学校的奋斗目标与任务。再次，要认真发动群众参与学校工作计划的制订过程。最后，计划要具体，有明确的工作内容、主要的方法或步骤、完成的时限和负责人等。

（二）实施

实施就是将计划付诸行动，将设想转变为现实，使学校的人、财、物、时间、空间、信息等资源产生最大的实际效益与社会价值。没有实施，再好的计划都是一纸空文，毫无价值。所以，学校管理者要紧紧抓住实施这个中心环节。在实施过程中，学校管理者要做好组织、指导、协调和激励工作。

（三）检查

检查是指对计划的执行情况进行考核，其目的在于发现问题和解决问题，在学校管理中具有监督、考评和激励的作用。没有检查，就很难获得反馈信息，无法了解存在的问题及其原因，也就无法使工作得到改进。

（四）总结

总结就是指对学校管理过程的计划、实施、检查等工作进行分析、评价等反思性活动。它既可以使我们获得成功的经验，提高学校管理工作的自觉性和预见性，也可以让我们吸取失败的教训，防止和克服盲目性与主观随意性。它既是上一过程周期的结束，又是下一周期过程的开始，承上启下、继往开来。

学校管理过程的四个环节是在循序递进中不断循环地向前发展的，这种循环不是机械地重复，而是螺旋式地上升。每次循环都是对前一个阶段工作的改进和提高。学校管理工作就是在这种循环往复的活动中不断向前发展的。

题目：学校管理过程　**易考题型：**简答题、论述题

已考学校：12 北航 15 聊城 16 安师 17 江西 19 沈师

第三节　学校的管理内容与要求

一、教学管理的内容和要求（重点）

（一）教学思想管理

思想是行为的先导，先进的教学思想能够促进和引导教学工作的发展，而落后陈旧的教学思想则是教学工作发展的障碍。因此，教学管理首先应抓教学的思想管理。教学不是教师与学生之间知识的单向的授受，而是教师和学生之间的双向交流和互动。教学的目的不仅在于掌握知识，而且在于充分发挥学生的能动性，全面实现知识的教育价值，在于促进学生创新精神和实践能力的提高。我们应当适应时代发展的需要，为国家培养具有综合素质的创新人才。

（二）教学组织管理

做好教学组织管理工作，包括加强教导处工作的建设和领导好教研组工作。

1. 加强教导处的建设

教导处是学校教务行政的职能机构，是教学管理的枢纽和调度室。教学管理要大力加强教导处的建设，充分发挥教导处的职能作用。

2. 领导好教研组工作

教研组是教师进行教学研究的组织。它在提高教师教学水平、科研能力以及发现、总结、推广先进经验方面具有举足轻重的作用。在新课改的背景下，教研组的作用日益突出，应注意以下几方面：建立与健全教研组；选好教研组长；加强对教研组工作的指导和帮助。

（三）教学质量管理【20 云南师范】

教学质量管理是学校管理者依据一定的质量标准，运用科学的手段和方法，对学校的教学过程及其结果进行全面监控、检验和评估的活动，其目的是提高教和学的质量。教学质量

是教学管理的生命线，学校教学管理的一切工作，最终都是为了提高教育教学质量。因此，教学质量管理在教学管理中处于核心地位。

二、教师管理的内容和要求（重点）【17 深大】

（一）教师管理的性质

教师管理是学校管理的一个重要组成部分。但教师管理又有其特殊性。教师是脑力劳动者，工作复杂而艰巨，需要发挥创造性。

（二）教师管理的内容

1. 教师的选拔

要做好三方面的工作：资格控制、编制控制、录用控制。

2. 教师的任用

因事择人：教师的工作安排需要做到按需设岗，因事择人。扬长避短：把他们安排在最能发挥其特长的地方新老搭配。立足全局：安排教师工作须从全局出发，立足当前，着眼长远，要考虑教师的发展前景，激励他们勇于超越自我。

3. 教师的培养

把适应现代教育发展作为教师培训工作的出发点和立足点，制订在职教师培养计划，建立健全教师的各种学习和进修制度。

4. 教师的考评

科学公正客观地考评教师的工作，一方面有助于管理者全面了解教师，合理使用和晋升教师；另一方面也有助于教师清醒认识自己，更好地改进、提升自己。

（三）教师管理的发展趋势

1. 逐步实现职务聘任制

由上级教育行政部门统一计划调配，这种制度过于集中和统一，学校和教师缺乏自主选择权利，导致人员无法正常流动；教师的铁饭碗也会降低他们工作的积极性，所以要逐步实现职务聘任制。

2. 趋向科学化、人性化和服务化

学校由传统的“硬管理”变为尊重教师地位和工作特点的“软管理”，越来越重视对教师的动机激励、思想教育、尊重关怀、主动服务和倡导教师的自我管理。

3. 注重发挥教师组织的效应

受行为科学管理理论的影响，学校管理者不再把教师看作一个孤立的个体，而将其看作群体中的一员；在管理过程中，重视教师人际关系的了解和调节，注意发挥教师的群体效能。

三、学生管理的内容和要求（重点）【13福师 19湖南科技】

（一）学生管理的内容

学生管理是一项复杂而又多层面的工作，其内容主要有以下几方面。

1. 思想品德管理：既包括日常行为规范的管理，也包括对各种偶发事件的非常规管理，如吸烟。

2. 学习管理：学生的课堂常规管理、学籍管理、成绩和档案管理。

3. 健康的管理：学生的体育活动、卫生保健、心理健康教育管理。

4. 组织管理：包括班级、共青团、少先队、学生会，也包括对学生的各种非正式组织的规范、帮助和引导。

5. 课外活动管理：帮助学生选择活动内容，协调安排活动时间、地点，为活动提供必需的物质条件，对成果进行评价。

（二）学生管理的要求

1. 遵照国家的法律法规要求，对学生依法进行管理。

2. 依据学生的身心发展特点，对学生进行科学管理。

3. 发挥学生的主动性，引导学生进行自我管理。

四、总务管理的内容和要求（重点）

（一）总务管理的内容

学校总务管理是一项事多、量大、涉及面广、政策性强的工作，其内容主要包括财务管理、生活管理、校产管理和环境管理等方面。

（二）总务管理的要求

管理者要深入基层了解实际情况，增强工作的针对性；把教学服务放在首位，想方设法为教学提供必要的资金和设备，不断改善教学环境和条件，妥善保管各种仪器和设备，做到物尽其用；坚持勤俭节约、廉洁奉公的原则是做好总务工作的重要保证。

第四节　学校管理的发展趋势（重点）

一、学校管理法治化

随着科教兴国战略的实施和依法治国方略的确立，依法治教已成为党和政府管理教育的基本方针，而依法治校作为依法治教的重要组成部分，将成为21世纪学校管理的必然选择。依法治校就是把学校管理纳入法治轨道，依法对学校进行管理。依法治校可以分为两方面：一方面是政府及教育主管部门依法管理和规范学校行为，另一方面是学校管理者依法管理学校的各项内部事务。

推进依法治校工作，学校管理者应采取以下措施：第一，转变行政管理职能，切实依法行政。第二，加强制度建设，依法加强管理。第三，推进民主建设，完善民主监督。第四，加强法制教育，提高法律素质。第五，严格教师管理，维护教师权益。第六，完善学校保护机制，依法保护学生权益。

二、学校管理人性化【14 辽师 15 湖南科技】

人性化管理是指学校管理工作要关注人的情感、满足人的需要、崇尚人的价值、开发人的潜能、尊重人的主体人格和地位。

实行人性化管理，要做好以下工作：第一，要考虑人的因素，一切从人的实际出发。第二，在分配工作任务时，要考虑人的个体差异。第三，要强调人的内在价值，把满足需要作为工作的起点，通过激励的方式来提高工作效率。第四，要努力构建一种充满尊重、理解和信任的人际环境，增强教职工和学生的集体归属感。第五，加强校园文化建设，充分发挥校园文化的管理和育人功能。第六，要转变管理观念，改变管理方式，贯彻管理即育人、管理即服务的思想。

三、学校管理校本化【17 安师 18 佛山科技大学 19 云师】

校本管理是指学校在教育方针与法规的指引下，可以根据自己的实际情况和需要来自主确定发展目标和方向，自主进行学校的教育、教学和管理工作。简言之，就是以学校为本位的管理。

实施校本管理应做好以下工作：第一，教育行政部门要简政放权。第二，倡导集体参与、共同决策。第三，开展校本研究，提高学校管理者的决策能力。

四、学校管理信息化

管理信息化包含两方面：一方面是学校对信息技术的开发和使用，把计算机、网络、多媒体等现代技术运用到学校管理上来以提高管理的实效；另一方面是学校管理方式和内容的信息化，由过去的“人—人”管理、“人—物”管理转变为“人—机”管理，即注重对有关信息资源的管理。

信息化管理应做好以下工作：第一，加强硬件投入与软件开发，为学校管理信息化提供物质基础。第二，改进培训内容和方式，提高学校教职员工的信息管理素养。第三，完善学校信息化管理的政策和规章制度。

【背诵口诀】“法人小心”

分别对应：法——法制化；人——人性化；小（校）——校本化；信——信息化。

1. **题目：**学校管理的发展趋势 **易考题型：**简答题、论述题

已考学校：10 天师 11/12/14 西南 12 安师 西华 鲁东 13 湖南科技 14 西南 沈师 15 西北师大 辽师 江西师大 16 苏大 17 吉林 河北大学 18 川师 齐齐哈尔 华东 19 海南师大 广西师范学院 20 江西师大

2. 题目：学校管理法制化 **易考题型：**简答题

已考学校：12 华南 14 中央民大 15 安师 16 三峡 18 华东 19 闽南

附录

学校简写的全称

1、湖大：湖南大学
2、中山：中山大学
3、西南：西南大学
4、宁波：宁波师范大学
5、徐师：徐州师范大学
6、江苏：江苏大学
7、陕师：陕西师范大学
8、西北：西北师范大学
9、渤海：渤海大学
10、扬大：扬州大学
11、苏大：苏州大学
12、广东技术：广东技术师范
13、哈师：哈尔滨师范大学
14、长春：长春师范大学
15、深大：深圳大学
16、曲阜：曲阜师范大学
17、湖师：湖南师范大学
18、山西：山西师范大学
19、山东：山东师范大学
20、安师、安徽：安徽师范大学
21、首师：首都师范大学
22、华中：华中师范大学
23、北师：北京师范大学
24、内师：内蒙古师范大学
25、南京：南京师范大学
26、河北：河北大学
27、西华：西华师范大学
28、温大：温州大学
29、北航：北京航空航天大学
30、广西：广西师范大学
31、沈师：沈阳师范大学
32、集美：集美大学
33、华南：华南师范大学
34、华东：华东师范大学
35、陕师：陕西师范大学
36、聊城、聊大：聊城大学
37、浙师：浙江师范大学
38、青岛：青岛大学
39、天大：天津大学
40、辽师：辽宁师范大学
41、福师：福建师范大学
42、闽南：闽南师范大学
43、安庆：安庆师范大学
44、四川：四川师范大学
45、延安、延大：延安大学
46、海师、海南：海南师范大学
47、川师：四川师范大学
48、湖北：湖北大学
49、赣南：赣南师范大学
50、贵师：贵州师范大学

51、淮北：淮北师范
52、鲁东：鲁东大学
53、石河子：石河子大学
54、杭师：杭州师范大学
55、吉林、吉师：吉林师范大学
56、湖南科技：湖南科技大学
57、江西：江西师范大学
58、东师：东北师范大学
59、南师：南京师范大学
60、山师：山东师范大学
61、湖北：湖北大学
62、鲁东：鲁东大学
63、上师：上海师范大学
64、西外：西安外国语言大学
65、郑大：郑州大学
66、河师：河南师范大学
67、云师：云南师范大学
68、宝鸡：宝鸡文理学院
69、重师：重庆师范大学
70、海洋：中国海洋大学
71、大理：大理大学
72、新师：新疆师范大学
73、山大：山西大学
74、三峡：三峡大学